洞《どう》察《さつ》のススメ

「5つの真実」を知ることで、
すべての仕事はうまくいく

船ヶ山 哲
Funagayama Tetsu

きずな出版

Prologue

これからの時代で勝つための「洞察《どうさつ》」のススメ

「嘘」


この言葉を聞いて、どのような印象を持つでしょうか？

大半の人は「卑劣《ひれつ》」「非道徳的」という印象を持つかもしれません。

実際のところ、世の中には数多くの「嘘」が蔓延《まんえん》し、真面目なあなたにトラップを仕掛ける情報が、至るところにあふれています。

たとえば「成功者は早起きである」というような情報が、さまざまな書籍で紹介されています。**これ、本当にそうでしょうか？**

たまたまその人が朝型だったというだけで、夜型でも成功している人など数えきれないほどいます。

朝が得意な人もいれば、夜にパフォーマンスが最大化する人もいるのです。ということは、早起きと成功の間には何の因果関係もなく、情報を公開した人の「偏った意見」にすぎないということが言えます。

しかし多くの人は、その嘘や偏った意見を信じる傾向にあります。

その理由は、偏った意見の裏に隠された真実を知ることなく、短期的欲求を刺激され、信じてしまうからです。

たしかにこのような嘘を信じることで、3日ほどは清々しい朝を迎えることはできるかもしれません。しかし成功とは、少し早起きした程度で手に入るということはありません。

間違った考え方を改め、正しい習慣を取り入れない限り、成功することはないのです。

あなたの中に静かに入り込み「気づいたら成功していた」というのが、真の成功法則です。

これは、1996年、イタリアにあるパルマ大学のジャコモ・リゾラッティ博士らによって発表された「ミラーニューロン」が影響しています。

ミラーニューロンとは、他人の行動を見て、まるで鏡を見るかのごとく自分の行動のように感じる共感能力のことです。「モノマネ細胞」とも呼ばれます。

つまり、あなたがいま持っている知識や考え方は、生まれたときから持っていたものではないということが言えます。これまでいろいろなものを見て、経験した情報がミックスされ、現在の知識や考え方になっているにすぎないのです。

現状あなたが成功しているというのであれば、いままでの情報は「正」となり、現状に満足していないというのであれば、その根底情報を変えない限り、望む結果を得ることはできないということの表れでもあります。

その根底情報が、あなた自身をつくり出し、現状を生み出しているからです。

逆に、そこにいち早く気づくことができれば、誰もが平等に成功することは、難しいことではありません。

そこで今回は、世の中で言われている嘘や神話を斬り、あなたを最速で成功に導くための成功法則を公開していきます。

ここで公開される内容は、世の中で言われていることと真逆のケースも多々あります。

しかし、それはあなたが「選択」すればいいことです。

あなたがいま成功できていない理由は、これまで嘘に踊らされてきた結果でもあるからです。早くその事実に気づき変えていかない限り、成功は幻想となり、一生叶わぬ夢となります。

「疑う」ということは、成功の大きな要因となります。

そのために必要なのは、本質を見抜く「洞察力」なのです。

あなたが一日も早く、いい人生を望むのであれば、「それ知っている」というような思い込みを脳から追い出し、「これは本当だろうか?」と、フラットな状態で読むようにしてください。

なぜなら、あなたがうまくいかない原因は、「間違った思い込みを持たされてしまった」ことにあるからです。ポイントは、自ら持ったのではなく、気づかぬうちに持たされてしまったということです。

もちろん、あなたがいま満足いくような大成功を収めているというのであれば、私は何も言いません。今後もその情報を信じればいいことです。

しかし、いままで言われてきたことをやっても成果を実感できなかったというのであれば、黒く汚れきった色眼鏡はいますぐ捨て、綺麗で真っ白な紙に、新しい常識を書き始めてください。その一歩が本書であり、私があなたにお伝えできる知識でもあります。

さて、この続きを知りたい、いまの自分を変えたいという方は、いますぐこのページを閉じ、レジに向かいお会計を先に済ませてください。

同じ情報であっても、落ち着いた環境で得る知識と、雑多で落ち着かない環境で得た知識とでは、その後の吸収に大きな差を与えます。結果的に、得る成果までも大きく変わってきてしまうのです。

成果を得るためにも、リラックスできる環境をつくることを優先してください。それだけ読む環境は大切になります。

すべては、それからです。

Contents

Chapter1

第1の洞察【独立・起業の真実】
なぜ、好きなことを仕事にしてうまくいかないのか？

Chapter2

第2の洞察【集客の真実】

なぜ、あなたにお客さまが集まらないのか？

Chapter3

第3の洞察【セールスの真実】
なぜ、売りたいものが売れないのか？

Chapter4

第4の洞察【仕事術の真実】

なぜ、一生懸命やっても結果が出ないのか？

Chapter5

第5の洞察【人の感情の真実】なぜ、不安から脱却できないのか?

Chapter 0

あなたの常識は、本当に正しいのか？

「大富豪8人の資産額＝貧困層36億人の資産額」という衝撃の事実

先日、貧困撲滅《ひんこんぼくめつ》に取り組む国際NGO「オックスファム」が、衝撃的な事実を発表し、世界に大きなインパクトを与えました。

その内容は、「世界で活躍する大富豪8人の資産額と、その他貧困層36億人の資産額がほぼ同額である」という、驚くような事実です。

その資産額、どちらも4260億ドル（日本円で約48兆6千億円）。

数字として出てしまうと、「人間の価値とは何なのか？」と疑問を感じる人も多いかもしれませんが、実際問題、これだけの差が生まれているのは確かです。

ただ、ここで誤解していただきたくないことは、この8人の大富豪が親のスネをかじって資産を得たということはなく、努力の結晶でいまの財を築いているということです。

この8人の中には、ガレージから起業し、いまの成功を勝ち得たという人もいます。

ということは、お金があったから成功したということはなく、お金がない中、知恵を絞り、価値を提供したからこそ、いま、こうして莫大な富を築くことができたのです。


一方、なかなか成功できない人はというと、自分に足りないものばかりにフォーカスし、「自分なんてどうせ無理」と、すぐにあきらめてしまいます。

しかしそんな人でも、世界の貧困層の現実を知ると「いまの自分はとても優遇されているんだ」ということに気づくはずです。

いま世界には1日当たり1・9ドルで生活している人々が20％もいるという統計があります。**世界の人口が76億人だとすると、15億2000万人の人たちが、月6000円程度で生活している計算になります。**

そんな彼らにも当然夢があり、自分の置かれている境遇など関係なく、限られたリソースの中で夢を追い、一生懸命に生きています。

ですが、これはあくまで世界の貧困に悩む国の話です。日本のように恵まれた国では経済や資産額が成功の足枷《あしかせ》になることは、ほぼありません。

なぜなら、お金がなくても起業し、成功することが可能だからです。

私たちは変化の速い時代に生きています。

いままでと同じように、日本が安定し続けるとは限りません。

当然そうなれば、今日の常識が明日には非常識となることもありえるのです。

その予兆は少しずつ、この日本に起き始めています。

外国人労働者とAIロボットの存在です。

最近、街にあるファーストフードやコンビニでは外国人がレジを打ち、外国人がハンバーガーをつくり、外国人が笑顔でお客さまを見送ります。

これは数年前には考えられなかったことです。

観光客が増えていることを考えれば当然ですが、観光庁の発表では、2016年の訪日外国人観光客は2000万人を超えたといいます。

さらに、2020年には4000万人を予測し、2030年には6000万人もの外国人観光客が日本を訪れるというのです。

考えてみてください。

いま日本の総人口は、1億2676万人と総務省が発表しています。ということは、3人に1人が外国人になるという日も、そう遠くないかもしれません。

街に出れば外国人が隣に座り、職場に行けば外国人が会議に参加する。

そんな未来が、もうそこまでやってきているのです。

このように言ったところで、悠長《ゆうちょう》に考えるあなたは大きな問題に感じないかもしれません。しかし日本に外国人が増えるということは、あなたの職場にも影響を与え、外国人に席を奪われることもあり得るということです。

■仕事が簡単に奪われるかもしれない

この話をすると、「私の職場は外国人とは縁のない仕事ですから大丈夫」と言う人がいますが、賃金が安く能力の高い外国人が日本にあふれかえったら、会社もあなたのクビを容赦なく切る可能性を否定できません。

いま、大手企業ではこの動きがすでに起こりはじめ、50歳を越えると毎年給料は下降し、定年を迎えるころには給料が半分以下になる会社もあるほどです。

ある企業においては、50歳以上は時給一律888円と定められ、副業でもしないと生活を賄《まかな》いきれないといいます。

こういったことは、インターネットの普及やボーダーレスな世界を考えれば、めずらしい光景ではないのかもしれません。

この先、雇われではなく自ら「稼ぐ力」を身につけなければ、あなたはリストラ対象となり、アルバイト雑誌を片手に住宅ローンの支払いに頭を抱える羽目となるのです。

このように言うと、「そんな大げさな」「道徳に反しています」と思うかもしれませんが、大手企業ですら副業を公認し始めているように、この先、能力がない人間は淘汰《とうた》され、ロボットや外国人に職を奪われる日も、そう遠くはないのです。

私たちは、生き残れるのか？

では、今後どうしたら大切な家族を守り、勝ち組に入ることができるのでしょうか？
それは、格差社会を勝ち抜くための考え方と成功マインドを学ぶことです。
「今後の日本は中間層がいなくなる」と言われています。
いわゆる上位層と貧困層の二層のみとなり、その間に線が引かれるということです。
これは、いままでの日本では考えることができませんでした。
平均所得を出せるのは、国の経済が安定している証拠でもあったからです。
しかし今後の日本はわかりません。

先ほど言ったように、大手企業ですら時給一律制度を導入したり、副業を公認する動きがある以上、年功序列で定年まで安泰という時代ではないからです。

近年では、「老後破産」という新しい言葉も生まれ、日本の格差社会の波は、もうそこまできています。

だから、あなたも「明日も職がある」と傲慢《ごうまん》な態度をとるのではなく、今後、老後破産に対する準備はしておく必要があります。

なぜなら、あなたの会社は生き残ることに精一杯で、一人ひとりの生活を面倒見ている余裕がなくなってきているからです。

あなたも会社にサジを投げられ、路頭に迷う前に、生き残る術を自ら手に入れる必要があります。

■ 考え方を変えなければならない

その際大切になってくるのが、考え方を変えることです。

ここで、あなたに質問します。

「売ることは正」

「売ることは悪」

これは、どちらが正しいと感じますか？

答えは、「売ることは正」です。

売ることに対し抵抗を感じ、「売ることは悪だ」と信じている人が大勢います。

しかしお客さまの未来を少し想像した場合、商品を売れば売るほど、お客さまの現実がよくなるわけですから、売らないほうが「悪」と言えます。

売ることは悪いことではなく、「お客さまの願望を叶えるお手伝いをしている」という視点を持てば、「売ることは正」になるのです。

この考え方がわかるようになれば、成功してお金持ちになることは、さほど難しいことではありません。

この本を、武器とせよ

ただし、いまのままでは不十分です。成功を叶えることはできません。

なぜなら、あなたは「人生を変える武器」を手にする方法をまだ知らないからです。ですので、序章の最後に、成功をより確実なものにするために重要なことを伝えておきます。

それは、この書籍を何度も何度も繰り返し読み、自分の中に浸透させることです。

多くの人が本を読んでも成功できないのは、1回読んだ程度で、すべてを知った気になってしまうからです。

しかも人間の脳は、1回ではすべてをキャッチできない仕組みになっています。繰り返し見ることで気づけることがたくさんあるのです。

仕事でも1年目には見えなかったことが、2年目には気づき、2年目には見えなかったものが、3年目になってようやく気づけるというのと同じです。

このように、人間は自分の守備範囲を広げていかない限り、仮に大切な情報が目の前を通り過ぎたとしても、見逃す習性があります。

これは、脳の中にある網様体賦活系《もうようたいふかつけい》（ＲＡＳ）というフィルターのような機能が影響しているためです。だから目に飛び込んできたとしても、脳が見過ごしてしまうのです。

情報をキャッチしたければアンテナを立てることです。

こちらに関しては本編の中で詳しく解説していきますが、いまは「アンテナを立てない限り見えない世界がある」ということだけ覚えておいてください。

■ 5つの真実

さて、ここからは具体的なステップで、あなたにお伝えしていきます。

本書は全5章で成り立ち、「起業」や「仕事術」に関するものから、「人の感情」に至るまで、あなたが成功するにあたって必要な「5つの真実」をすべてお渡ししていきます。

このように言うと「成功に感情？　関係あるの？」と思う人も多いかもしれませんが、じつはお金をもらうことに対し、感情でブレーキをかけている人も意外に多いのです。

少し想像してください。いい商品やサービスを提供しているにも拘《かかわ》らず、お金を受け取ることにブレーキをかけていたら、お金持ちとなり成功することができるでしょうか？

もちろん、できません。

しかし、このような奇々怪々な現象に頭を抱え、苦しんでいる人は世の中、数えきれないほどいるのです。だから感情というテーマも、必須要件として今回は章立ての中に入れ込み、あなたにお伝えしていくというわけです。

では少し長くなりましたが、本編に入っていきます。

心の準備はいいですか？

真実の扉を開きます。

Chapter1

第1の洞察

独立・起業の真実

なぜ、好きなことを仕事にしてうまくいかないのか？

「好きなことで起業しよう」に隠された真実

いきなり衝撃的なことをお伝えします。

「好きなことで起業しよう」という教え。非常に耳あたりがよく、夢あるワードなので、心躍らせる人も多くいます。しかし、この裏側に隠された真実は非常にダークです。

夢を持つ彼らを食いものにする「悪徳自己啓発講師」の存在です。

「どうせ起業するのであれば、好きなことをやらなければ人生つらいだけ」というような悪徳自己啓発講師の洗脳にまんまとハマり、起業させる気もないくせに夢だけを見せ、気持ちよくさせられてしまう受講生が、毎年数えきれないほど生まれています。

なぜ、このような卑劣な行為を悪徳自己啓発講師がおこなうのかというと、それには2つの理由があります。

① 夢の中に居続けさせたほうが、受講生から永続的にお金を搾取できるから

② そもそも起業など考えていない臆病な妄想家を、お客さまとして集めているから

詳しく見ていきます。

■「彼ら」が裏で考えている2つのこと

① 夢の中に居続けさせたほうが、受講生から永続的にお金を搾取できるから

人は夢の中に生きています。そのほうが気持ちよく現実を忘れることができるからです。

わかりやすい例は、「結婚相談所」です。

結婚するために高額を払うことで会員となり、紹介を受けるというシステムで成り立っています。もちろん出会いがない人からしたら、非常に効率的で、時間と出会いの費用対効果を考えれば素晴らしいビジネスです。

しかし、ここに先ほどの心理は上手に活用されています。

「結婚」という夢を追わせて、月額会費を徴収し続けることです。

もし、結婚を実現させてしまったら月額会費は打ち止めとなり、また新たな会員を探しに行かなくてはなりません。これは経営者にとっては非常につらいことです。

なぜなら、ビジネスにおいて、新規客にかかるコストは既存客にかかるコストの約7倍と言われているからです。つまり、既存客をいい気分にさせ、夢を追わせているほうが、ビジネスは安定するということです。

もちろん、結婚相談所の全部がこのような悪質な裏戦略をおこなっているかというと、そんなことはありません。真摯《しんし》にお客さまの未来のことを考え、お相手探しを真剣にしているところもたくさんあります。

しかし、今回の裏戦略を意図的に使い、先延ばしさせることで、利益を貪《むさぼ》る悪徳業者もいるというのが実情です。

これは先の自己啓発に関する分野についても同じです。

多くの自己啓発の講師は、具体性がなく、起業とは無関係な激しいダンスなどを受講生にさせ、アドレナリンを放出させることで一時的にモチベーションを上げにかかります。

これは洗脳技術のひとつですが、脳を一時的に騙すことでストレスを解消させ、快楽を植え付けているのです。

神経細胞にダイレクトアプローチすることで、受講生たちに考えさせることなく高額を支払わせるように仕掛けてくるのです。

何日も拘束し、ダンスをさせることでテンションをアップさせ、瞑想させることでダウンテンションをつくり、これを繰り返すことで神経を麻痺させ、洗脳状態にハメていくことができるからです。

② そもそも起業など考えていない臆病な妄想家を、お客さまとして集めているから

ビジネスは、企画を立てているときが一番楽しくワクワクします。

しかし、最初の一歩を踏み出してしまったら、自分の愚かさや不甲斐なさに直面してしまう事態が数多く訪れます。

企画を立てているときや商品をつくっているときは、そういった嫌な面に背を向け、素敵な未来だけを想像することができるため、爽快な気持ちになれます。

だから、「好きなことで起業しなさい」という講師は、具体的に起業させるステップを教えないのです。なぜなら起業という一歩を踏み出した瞬間、現実が目の前に襲い掛かり、不安と恐怖で押しつぶされてしまうからです。

起業とは、その不安や恐怖を乗り越えることができた人にしか、成功を与えることをしません。当然ですが、お金を1円でももらうということは責任が生じ、リスクを受け入れる覚悟も必要になってくるからです。

「結果を提供する覚悟」「続けていく覚悟」「お客さまと向き合い、人生を共に生きる覚悟」

綺麗事のようにも聞こえるかもしれませんが、これらの覚悟を持つことができなければ、起業しても商品が売れることはなく、サラリーマンに戻るだけです。

だから悪徳講師は、「好きなことで起業」という言葉を掲げつつ、恐怖に触れない一番気持ちのいいところで、夢見心地にさせるのです。

一歩を踏み出させなければ失敗することもなく、お金を払い続けてくれるのを知っているからです。

才能は本当に仕事になるのか？

あなたは自分に才能があると思いますか？　自分の才能に出会えていますか？

このように言うと、多くの人は、「私には才能がありませんから……」と肩を落とし、悲しげな顔をしますが、実際は自分の才能に気づき、それをお金に換えることができている人などごくわずかです。

大半は自分の才能が何なのかもわからず、日々ストレス社会を生きています。これは、あなたが雇われの身のサラリーマンだから……ということではありません。

いま才能があると言われている人ですら、「私はこの分野で才能があります」と胸を張り、堂々と言える人などいないのです。

私自身、同じように感じています。

私はこれまでいくつか本を出版し、全国20書店以上でランキング1位を取るなど、それなりの実績を出してきましたが、「文章の能力があるのか？」と言われると疑問です。

その証拠に、学生時代の私の国語の成績は、10段階中「1」でした。まさか自分が将来、著者になるとは想像もしていませんでした。

しかし当時から、国語は数学と違い、正解というものが数字や公式で明確にある学問ではないにも拘らず、成績をつけられることに違和感は覚えていました。そして、その違和感は数年のときを経て答えとなり、職業として証明することができています。

もし、あのとき学校教育のやり方を真に受けていたら、いまの私の著者人生はなかったと言えます。なぜならチャレンジする前から「自分には才能がない」と決め込み、トライすることからも逃げていた可能性があるからです。

しかし最近は、それが学校の評価制度によるものであり、個人の未来の可能性を切り拓くものではないということがよくわかります。

なぜかというと、出版業界は1冊出版するだけで消えていく著者が多い中、私はこの作品を含めると、すでに5冊出版することができているからです。

そう考えると、「これも自分のひとつの才能かな？」と少しずつ感じるようになりました。

ただし、これはあくまであとづけで、やってみて気づけた才能だったということです。

■「才能」という言葉に振りまわされる必要はない

そのほかにも、才能に関する誤解はまだあります。

それは、「才能があれば成功できる」という思い込みです。

成功の定義は、お金のやり取りのあるビジネスの世界が大半となりますが、お金をもらっている人だけが才能があるのかというと、そうではありません。

人里離れた洞窟の中で暮らす仙人のような人のほうが、本当の意味での才能を持っているかもしれません。国宝級の人が眠っているかもしれないのです。

しかし、そういった人が「才能がある」と認められないのは、お金を払ってもらうとこ

ろにいないからで、才能以前の問題です。だから才能を認めてもらいたければ、まずは山を下り、ビジネスが絡む世界で戦う必要があるのです。とはいえ、才能はあっても、世の中、稼げていない人など山ほどいます。そういった人が努力とは無縁に花開かないのは、才能以前に、世の中にあるビジネスの仕組みがわかっていないからです。

その典型例が芸能界です。

一見、芸能界などというと、オーディションを勝ち残り「この人は才能がある」と、もてはやされますが、実情は裏金を積み上げポジションを買っているということもめずらしくありません（芸能の業界全体を否定しているわけではないので、あしからず）。

結果、何が言いたいかと言うと、才能とはビジネスが絡むと不透明となり、何が本当で何が嘘なのかが見えないものも多く存在するということです。

多くの人は、「才能」という言葉に踊らされ、見えない洗脳にハマりがちですが、才能とお金儲けは、必ずしもイコールではないのです。

だから、あなたも好きなことをやり、単に才能を磨けばいいということではなく、そこにお金を払う人がいて、はじめてビジネスになるということを忘れないでください。

あなたが一番長く続けてきたことが、ビジネスになる

では、どうしたら自分の才能を発見し、成功することができるのでしょうか?

それは「過去、長く続けてきたことを知ること」です。

長く続けてきたということは、少なからずあなた自身が興味があり、好きだということです。そうでなければすでに辞めているでしょう。

たとえば、子どもの頃に親の指示でピアノ教室やバイオリン教室に通わされた経験のある人もいると思いますが、それをプロになるまで続けられる人など、ごくわずかです。

大半の人は、好きでもないものを継続することができません。

もちろん、その中には親に強制されて継続してきたという人もいます。かといって、その家に生まれた子どもの全員が継続したかというと、そんなことはないでしょう。

本人の「やる気」「好き」「継続したいという気持ち」「親に嫌われたくないという思い」が、そこには少なからず存在しているのです。その気持ちが、「継続する」ということを選択し、自分自身にフィルターをかけながらも今日まで生き残ったにすぎません。

その結果プロとなり、たまたま才能があると言われているだけです。

■長く続けてきたこと×需要＝ビジネス

しかし多くの人が「才能がある」と認められないのは、前項で書いたように、需要のあるところに行っていないのがそもそもの問題なのです。

だから、あなたの中にあるかどうかもわからない「才能」というお宝をいつまでも探すのではなく、これまで長くやってきて継続できているものを振り返ってください。

それがあなたの才能であり、輝ける唯一の場所だということです。

「起業準備中です」を脱却せよ

セミナーや会合などに行くと「起業に向け準備しています」と言う人がいます。

そういう発言をする人は、キツいようですが、一生起業することはできません。

なぜなら、起業する上で準備することなどひとつもないからです。

商品がなくても起業することはできるし、お金がなくても起業することはできます。

それが「続くのか？」というとそれは別問題ですが、起業するだけであれば、この瞬間にも起業することは誰にでもできます。

それでも多くの人が起業することができず、「起業準備中」という都合のいい言葉を持ち出す理由は、「本当は起業したくない」という深層心理が邪魔を仕掛けているからです。

誰だって起業を失敗させたくないし、どうせ起業するのであれば、サラリーマンに戻ることなどプライドが許せません。

そして、もっともらしい言い訳をすることで、自分を檻の中で守るわけですが、それは本当の意味での「守り」とは呼べません。

なぜなら、最大の防御は「攻め」であり、檻の中に居続ければ、いつかは敵に攻撃され、その檻ごと破壊されるのは時間の問題だからです。

だから、ぬるま湯に浸かり「可能性の住民」で居続けるのではなく、怖くても一歩を踏み出し、外に飛び出る勇気が必要となってくるのです。

■あなたの中のパワーの根源を知る

では、どうしたら「可能性の住民」を卒業し、戦場に立ち向かう勇気を持つことができるのかというと、大切なのはあなた自身のパワーの根源を知ることです。

多くの人は、このパワーの根源を探す方法を知らないと思いますので、いまからそれを発見するためのヒントをお伝えしていきます。

それは、あなたの中にある「強い願望」もしくは「強烈な痛み」を見ることです。

ポイントは、「あなたの中にある」という部分です。

多くの人は、他人の夢を自分の夢だと錯覚し、欲しくもないフェラーリや六本木ヒルズに憧れを抱きます。しかし「本当に欲しいのか?」と言われるとそんなことはなく、その大半は植えつけられた洗脳だったということに気づくはずです。

では、どうしたら自分の中にある根源的パワーとなる「強い願望」もしくは「強烈な痛み」を発見することができるのでしょうか。

答えは簡単で、「将来どんな自分になっていたいのか」を想像することです。

それを想像し、心が躍り漲《みなぎ》る力が湧いてくるようであれば、「強い願望」である可能性は高く、先ほどのフェラーリのように想像してもワクワクもしなければ、魂も叫ばないということであれば、それは他人から植えつけられた洗脳の可能性があります。

「強い願望」と「強烈な痛み」が、エネルギーになる

「強い願望」「強烈な痛み」を発見することが大切だということはわかっていただけたと思いますので、ここからはそれぞれについて具体的に説明していきます。

①「強い願望」

私の学生時代の友人は、高校生のときに「バックドラフト」という消防士の映画を見て、「将来、自分は消防隊員になりたい！」と強く思い、夢を実現させました。

当然そこには苦労や苦難もあったと思いますし、親の反対なども、もしかしたらあった

のかもしれません。

それでも言い訳せず、夢を実現させることができたのは、彼の中にある消防士になりたいという「強い願望」を、パワーの根源に変えることができたからです。

この事例を見てわかるように、あの日あのとき「バックドラフト」という映画に出会えていなければ、彼の人生はまた違った方向に進んでいたのかもしれません。

このように出会いとは奇跡であり、ひょんなきっかけで「強い願望」に出会うことがあります。ですので、まだ魂が震えるような出来事に出会えていないというのであれば、とにかくいろいろなことに触れ、経験をすることです。

その際のコツは、やる前から嫌いになったり、あきらめないことです。

「喰わず嫌い」という言葉があるように、食べてみれば案外美味しいということもあります。まずは、視野や価値観を広げ、多くのことを経験するようにしてください。

②「強烈な痛み」

「強烈な痛み」とは、言い訳し、先延ばししたら破滅してしまうものです。

先の「起業準備中」を語る人の多くは、いま困っていないので、「準備をしてから」「知識をつけてから」「少しお金が貯まってから」と悠長なことを言います。

しかし、お尻に火がついていたら、そんなことは口が裂けても言えません。

言い訳に生きる人は、追い込まれる状態にないため、極論、最後まで一歩を踏み出さなくてもいいわけです。これではいつまで経っても成功を手にすることなどできません。

これは年収400～1200万円の人がハマりやすい傾向にあります。

口では「起業して大成功を収め、世の中にインパクトを与える」と立派なことを言いますが、結局はぬるま湯でうたた寝し、自分が寝ていることにさえ気づけていないのです。

しかしそれは夢であり、現実世界のものではありません。

だからあなたが一日も早く起業し、自分の夢を叶えたいと願うのであれば、とにかく「強烈な痛み」を直視してください。

もしそれでも「強烈な痛み」がない、具体的に見当たらないということであれば、自分のまわりを見てみてください。

私の場合は、「子ども」でした。起業して1年目にはマレーシアに住んでいましたので、私ががんばらなければ、子どもの学費を払えず帰国する羽目となります。

親としてそれだけは何としても避けたいという「痛み」をパワーの根源に変えました。

その結果、私の成長は止まることなく、家族との生活もいいものにしていくことができました。ただ、そんな私も最初から大きな家に住んでいたということはなく、身の丈からはじめ、成長と共にステージを上げていったということは言うまでもありません。

だから、あなたも最初から大風呂敷を広げるのではなく、まずはどのサイズであっても構わないので、一歩踏み出してみてください。

■年収1000万円までは「痛み」のパワーを利用する

ここまでの話を聞きパワーの根源は、「強い願望」と「強烈な痛み」ということはわかったと思いますが、実際パワーに変える際、願望がいいのか、それとも痛みを選べばいいのかわからないと悩む人も多いと思います。

そこでここからは、目安となる考え方をお伝えしていきます。

それは、「年収1000万円までは、痛みをパワーに変える」ということです。

年収1000万円まで届かない人の「願望」は小さく、叶えることもたかが知れています。しかも「願望」というのは、前述したように、いまなくても困らないものなので、先延ばししてきてしまう性質があります。ということは、1000万円以下の人が願望を掲げたところで、叶う確率は限りなく低いということです。

とはいえ、先ほどの消防隊員の彼のように、年収1000万円なくとも魂が叫ぶ衝撃を受ける人もいますので、一概には言えません。しかし最初から「願望」に火の灯《とも》る人は少ないので、まずは叶うことのない夢を語るのではなく、「痛み」を直視するようにしてください。

なぜなら「痛み」からは逃げることができないからです。

借金の取り立て、リストラ勧告、子どもの学費の支払い、自己破産など、言い訳し先延ばしにしたら、生活するどころか一家心中もあり得る話なので、まずは「痛み」を真摯に受け止め、「痛み」の解消をパワーに変えてください。

そうすることで、あなたの人生は変わり始めます。

Chapter 2

第2の洞察

集客の真実

なぜ、あなたにお客さまが集まらないのか？

「集客の罠」に引っかかるな！

「この商品は本当に素晴らしく、いいものです」
「素材にこだわり、ほかでは出せない品質と質感です」
「この商品には、情熱と思いを詰め込みました」

あなたのまわりにも、このような人はいると思います。

そういった人が1年後ビジネスの世界に残っているかというと、残念ながら、多くの人は姿を消してしまいます。

ただし、彼らの発言に嘘があったから消えたのかというとそんなことはなく、おそらく彼らの扱う商品は最高で、素晴らしいものであったに違いありません。しかし、その商品力とは無関係に1年、いや数ヵ月で消えてしまう現実があります。

では、彼らが怠け者で、呑んだくれた生活に身を滅ぼしてしまったのかというと、こちらもそうとは言えません。むしろ商品に情熱を持っている人というのは、仕事が趣味と考えているため、寝ずにがんばる傾向があります。

しかし、そのがんばりが集客に反映されることは残念ながらありません。それどころか、その情熱が足枷となり、マイナス効果を生み出してしまうことすらあるのです。

何がこのような悲しい現実を生んでしまったのかというと、**それは、集客に潜《ひそ》む罠を知らずに、ビジネスの世界に飛び込んでしまったからです。**

これは先ほど言ったように、商品が悪かったわけでも、嘘をついていたからでも、努力を怠ったからでもありません。

それ以外の部分に、集客のヒントは隠されているのです。

それをこの章では解き明かし、あなたに集客マスターになっていただくための攻略法をお伝えしていきます。

この章を見終わるころには、集客に頭を抱えていた自分が嘘のように感じられ、むしろ集客をあやつる自分に生まれ変わること間違いなしです。

では、早速始めていきます。

■集客に対する5つの誤解

まずは集客を誤解している人も多いので、整理しておきます。

①集客は認知なくして叶えることはできない
②いい商品は集客に貢献しない
③商品を出さずに集客を実現することは可能
④むしろ商品を出すと集客は難しくなる
⑤極論、商品がなくても集客はできる

これを見て、あなたはどう思いましたか？

「詐欺ですか。私を騙すつもりですか?」と猜疑《さいぎ》の目で私を睨《にら》みつけますか?

それとも、「これまでの概念が打ち砕かれました。いますぐ教えてください!」と未来を感じましたか?

あなたが後者であれば、今後人生を変え、商品を売ることができるようになります。

しかし前者であれば、あなたの半年後はアルバイト生活となる可能性が高いので、これ以上、集客に資金を投入せず、生活費に充てることをお勧めします。

いかがでしょうか?

もちろん、あなたは後者を選び、学びに対し意欲的に捉える素直な人だと思いますので、先ほどの「5つの誤解」をひとつずつ解き明かし、回答していきます。

① 集客は認知なくして叶えることはできない

集客が下手な人は、「認知」という概念がスッカリ抜け落ちています。

だから集客できないのです。

「集客」という単語を分解すればわかるように、集客は「客」を「集」めると書きます。

ということは、自分が出向き、お客さまをさらってくることではありません。

それを証明するために、あなたに質問です。

あなたが何か商品を買いたいとします。そのとき何を真っ先に考えますか？

おそらく、「その商品はどこで売っているのか？」と想像すると思います。しかし、そもそも認知がなければ、お客さまの想像にすらヒットすることはありません。

だから集客の前におこなうべきことは認知であり、まずはテーブルに乗ることが大切なのです。それをなくして「まずは集客だ」と大声を張り上げたところで、誰からも相手にされないどころか、悲しい起業人生をスタートさせることになるのです。

② いい商品は集客に貢献しない

「いい商品を扱いさえすれば、その商品力でお客さまは列をなす」と信じている人は、集客に苦しむ悲しい現実があります。

このことは技術を生業《なりわい》とする人がもっともハマりがちで、「技術の高さ＝集客力」と錯覚し、新しいスキルを習得さえすれば閑古鳥《かんこどり》から解放されると信じています。

現実はというと、いくらスキルを磨き、腕を上げたところで、集客が楽になることはなく、むしろ技術を習得するために使った時間とお金を無駄にすることになります。

あなたのまわりを見渡してください。

いまの時代、いい商品など当たり前です。粗悪品を扱っているところなどありません。しかもお客さまの立場で見たらどこも同じで、その差がどこにあるのかわかりません。

このように言うと、「当社の商品は他社に比べ機能性が高く……」と御託を並べる人がいますが、そんなことはお客さまには関係なく、「商品を使うことで自分の願望は叶うのか」ということのほうが重要なのです。

だから、スポットライトを自分に当てるのではなく、お客さまに当ててください。なぜなら、お金を払うのはお客さまだからです。

③ 商品を出さずに集客を実現することは可能

「集客＝商品を出すこと」と多くの人は考えています。

しかし、お客さまは商品の先にある「結果」さえ手に入れれば、極論、商品など何でもいいわけです。お客さまは商品自体が欲しいわけではなく、願望を叶えるために商品を買っているからです。ということは、集客をする上で大切なのは商品を出すことではなく、「お客さまが望む結果を打ち出すこと」です。

そうすれば興味を持つ人の数は格段に増え、集客をコントロールすることができるようになります。

たとえば、コインパーキングの機械を販売する場合、商品そのものを出すと顧客は絞られ集客が難しくなってしまいますが、「そこにやって来るお客さまの願望」を知れば、何を打ち出せばいいのかが見えてきます。

ちなみに、その答えは何かというと、彼らは、そもそもコインパーキングの機械が欲しいわけではなく、「土地活用」や「節税する手段」を手に入れることが目的でもあるということです。

④　むしろ商品を出すと集客は難しくなる

集客をする際に商品を出すことは、むしろマイナスになります。

なぜなら、集客の時点で商品を出すということは、本来獲得できるはずのお客さまを遠ざけ、自らの可能性を排除することになるからです。

お客さまは、願望や痛みを解消する策として商品に行き着きます。ということは、商品そのものというのは結果論でしかありません。

たとえば、ダイエットしたい女性がいるとします。

きっかけは、彼氏の「最近、太った?」という何気ない一言でした。

しかし、その小さなきっかけが彼女の動機となり、「痩せて綺麗になりたい」という願望を目覚めさせることとなったのです。

ここで大切なのは、痩せることができれば運動でも食事制限でもサプリメントでも、手段は何でもいいということです。極論、仮に1グラムも痩せなかったとしても、この大好きな彼氏に「痩せた?」と言われれば、彼女のダイエット計画は終了となるのです。

⑤ 極論、商品がなくても集客はできる

ここまでのことを見れば、「集客する際に商品は不要」だということがわかったと思い

ます。お客さまは商品そのものではなく「望む結果」を手に入れたいだけだからです。

商品に固執する売れない販売者は、機能や成分のことなどをクドクド説明しますが、その商品が願望を叶えることができなければ、それはお客さまにとってクズとなります。

それがどんなに素晴らしい商品かは知りませんが、お客さまが望む結果を提供できないとしたら、それはお金だけでなく、時間や労力を奪うだけの、最低最悪の商品でしかないからです。

だから、いい商品さえ手にすれば集客できるという幻想は早く捨ててください。

これがわかるようにならないと、「商品」という呪縛からは解かれることなく、商品と共に心中することになります。

なぜなら、この罠にハマる人というのは、「いい商品」という幻想の中に生きているため、まわりを一切疑うことなく、エンドレスに破綻するまで有り金すべてを突っ込んでしまう傾向にあるからです。

これは美容整形にも同じことが言えます。

たまにロボットのように全身整形する人がいます。

これは、最初から計画的におこなったということはなく、「綺麗になりたい」という小さな願望が、徐々に綺麗になることで自信に変わり、最後は少しの欠点も許せなくなる心理が芽生えてしまった悲劇と言えます。

しかし全身整形した本人は何の後悔もなく、むしろもっと綺麗になりたいという願望が、欲を刺激し襲い掛かります。

これは穴埋めゲームと同じで、人間一度始めてしまうと中途半端なところでは止めることができず、「完成させないと気が済まない」という、コンプリートの法則が働いてしまうからです。

だから、あなたも最初から商品を出すのではなく、お客さまの願望にアクセスし、きっかけを与えることだけに専念してください。

その小さなきっかけが扉を開き、流れ落ちるように、あなたの世界に舞い込んでくること間違いなしです。

お金をかけずに集客する人が陥《おちい》ること

世の中には、お金をかけない集客法が山のように存在しています。とくにインターネットを見れば、その手法は数え切れないほど存在し、逆に頭を抱えます。

しかし集客とは、広告費などの「お金」をかけるか「労力」をかけるかしかありません。

それ以外は、物理的にありえないのです。

このように言うと、「ツールを使うことで、お金をかけずとも集客できます」と言う人がたまにいますが、それは労力をツールが代行しているだけで、何もせずにお客さまがやってくるということはありません。

それがツールか労力かは別として、何らかのアクションが集客を支え、お客さまを引き連れてきているにすぎないのです。

しかし、そんな労力にも限界があります。

たとえばアナログで考えた場合、飛び込み営業であれば、1件ずつ実際に訪問し、顧客との接点を持つ必要があります。

これはテレアポも同じです。電話というツールで多少は効率化することはできますが、電話を実際にかけるという作業や労力、時間まではなくすことはできません。

「お金を払い、他人に任せれば?」という意見もあります。しかし、それは労力を他人に移管したというだけで、労力自体がなくなるわけではないのです。

では、インターネットを使った場合どうなるのかというと、こちらも基本、テレアポと同じです。ブログなどのツールを使うことで効率を上げることはできますが、記事を書いたり、メッセージを送るという作業をなくすことはできません。

ここで「メッセージを自動で送るツールを使えば?」と言う人がいます。

もちろん、それも可能です。しかし相手もバカではないので、機械的に送っていることなど百も承知ですし、ブログの運営者がそういった迷惑行為を見逃すはずがありません。

一時的に使うことはできたとしても、何らかの対策を講じられ、封じ込められるのは時間の問題です。ということは継続的に考えた場合、不安定要素が大きく、戦略的な仕組みの一部としては使うことはできないということです。

■顧客リストに対してお金を払う

では、結局どうしたらいいのでしょうか？

結論は「広告にお金を使う」ことです。

ビジネスの本質がわかっている人でないと、この効果と利点に気づくことはできません。

そこで、まずは広告が持つ価値について見ていきます。

それは、その広告媒体が所有する「顧客リスト」にあります。

これが広告での価値であり、広告費にあたるものです。

詳しく解説します。

広告とは、その媒体が所有する顧客リストに対しアプローチする行為のことを言います。

たとえば、紙媒体で言えば発行数。

フェイスブックなどのSNSで言えば登録者数。

ヤフーやグーグルなどの検索エンジンで言えばアクセス数。

これに対し広告費を支払うことで、アプローチする権利をもらうということです。ということは、その数と質が高ければ広告主は殺到し、広告単価も比例することになります。

ただし、これは逆のことも言えます。

媒体側がアプローチ可能なリストを持っていないことには、商売ができないということです。なぜなら広告とは、彼らが集めた時間と信頼をお金で買うということだからです。

だから大切なのは「媒体が何か」ということではなく、「そこに属する顧客リストに本質的な価値がある」ということです。

ここがわかると、広告を使わないという選択肢はなくなります。なぜならビジネスは時間が勝負であり、最後の成否を分ける存在となるからです。

広告の本当のメリットを知れば、勝てる

広告を使う際の5つのメリットがあります。これを知ったら、いままで労力を使うことを選択していた自分を恨むことになります。では、それぞれ見ていきます。

■ 5つのメリット

① 自分ではアプローチできない領域に一瞬でアクセスできる

集客とは、自分が持つメッセージを拡散し、お客さまに価値を届けることから始まります。

そのため、メッセージを届ける先がある人は多くの人から支持され共感もされますが、逆にメッセージを届ける先がない人は、存在していないと同義になるのです。

だから多くの人は、ブログなどの記事を書くことで、少しでもその範囲を広げようと考えますが、１人の労力でできる範囲などたかがしれています。

これは小さな部屋にこもり大声で叫ぶようなもので、そのメッセージがいかにいいものであっても、外にいる人に聞こえることはありません。

広告を使えばこの問題は一瞬で解決します。なぜなら、その媒体にはすでに観客がいるため、あなたの素敵なボイスと魂を思う存分、届けることができるからです。

これはたとえるなら、東京ドームで立ち見しているたくさんのお客さまの前で、広告というマイクを使い、コンサートをおこなうようなものです。

これほど意義があり、生きているという感覚を味わえるものはほかにはありません。

② 広告は数値化しやすくコスト戦略を組み立てることができる

ビジネスとは、一連の流れを見ることでしか確信を持つことはできません。

それがいかに素晴らしい企画であっても、キャッシュにつながらない限り、空想のたわごとで、趣味の領域だということです。

ビジネスとは、利益を上げてこそ価値を見出される存在となるからです。

だからビジネスを設計する上で大切なのは、小さくてもいいので、一連の流れと数値を見ることです。

たとえば３０００通のファックスＤＭを送ったら、17件の申し込みがあったとします。

そこに対して無料セミナーを実施したら、12名の方が参加し、そこから3件の受注を獲得しました。

これは私が独立後の最初におこなった広告の結果なのですが、各項目に対しフィルタリングをかけることで、どこに問題があり、どこを改善すればいいのかを知ることができます。

しかもコストと売上を常に比較することができるため、どれだけ広告予算を割けばいいのかということも知ることができます。

その証拠に、先ほどの私が生まれて初めておこなったファックスＤＭは、３万円のコストをかけて１１０万円（50万円が１人と30万円が２人）の売上になりました。

いま考えると、このときの広告があったからこそ、いまの自分がいると感じています。もしあのとき〝広告と友達〟になっていなかったら、いまもなお労力を切り売りし、自由とは無縁のつらい日々に頭を抱えていたと思うからです。

③ 広告は投資でありギャンブルではない

広告はパワーです。

そのパワーも、出す金額でアプローチできる範囲や領域は決まります。

だからといって、最初から儲かるかもわからないものに対し広告する人などいません。

なぜなら、その広告が売上となって戻ってくるかが、この時点では未知数だからです。

しかし広告を自在に扱えるようになると、経費と売上はある程度、比例しているということがわかるようになります。

多くの人はこのことが理解できていません。

「一切のお金をかけずに1億円売り上げたい」と妄想を語るような人がいますが、1億円稼ぎたければ、最低1000～2000万円の広告費を投入する必要があります。ちなみにこれもインターネットを使った広告の話であって、業種によっては5000万円以上の広告費をかけることで、ようやく1億円が見えるということもめずらしくありません。

このように言うと、「だったら最初に予算決めし、ドカンと広告費を投入すればいいのか、よっしゃー」と意気込む人がいますが、ちょっと待ってください。

反応が取れるかわからないものに予算決めしたところで、回収できる見込みどころか、広告費を一瞬で溶かし、破産するだけです。

そうではなく、最初は「小さくてもいいので反応を見ること」と、「黒字にすること」が大切なのです。

④ レバレッジをかけ無尽蔵《むじんぞう》に資産を増やす

広告を使い資産を増やす人と減らす人の違いは、ひとつしかありません。

「儲かったお金を、元々なかったものとして考えることができるか」ということです。

多くの人はこの考え方を持つことができず、少し儲かると気を大きくしてしまい、キャバクラに貢ぎに行く羽目となりますが、広告を武器として使い、儲ける人は違います。

少しイメージしていただくために、私のクライアントの事例をお話しします。

この方は日頃コロンビアに在住し、政府や国連関係の通訳をしています。

そんな彼が日本に向け新事業を展開させるべく、インターネットを使って商品を販売したいと言い出したのです。

当然、新事業ということもあり、これまでの顧客リストを使うことができません。

そこで広告を使い、日本に向けてメッセージを発信することにしたのです。

最初に用意した広告費は10万円。このお金を未来に投資することにしました。

その結果、投資した10万円は40万円となって戻ってきました。

そこで私は、こう言いました。

「どうせそのお金は元々なかったんだから、すべて広告に再投資してください」

すると、そのお金は130万円となって戻ってきたのです。

そこで私は、さらにこう伝えました。

「その130万円も元々なかったんだから、全部広告に突っ込んでください」

すると、そのお金は1035万円となって戻ってきたのです。

これは、わずか半年間の出来事です。

それから1年後、彼は年間2億円の利益を稼ぎ出し、経済的自由と、働く場所の拘束から解放される生活を手に入れることができるようになったのです。

この事例を見てわかるように、「最初から大金を持つ必要はない」ということです。

もちろん、あなたが多額の資本金を用意し、湯水のごとく広告費を使うことができるというのであれば、それもアリです。

しかし大概の人は退職金やわずかな貯金を資本金に入れ、ビジネスをスタートさせます。

ということは、1円の広告費も無駄にすることはできません。

今回のような「レバレッジ思考」を手に入れることができれば、いまあなたに大きな資金がなくとも、広告に挑戦し、雪だるまのごとく資産を増やしていくことができるようになるのです。

⑤ 時間と場所に拘束されることなく、ただ待つだけでお客さまは集まる

いま、私は集客に時間を使うことは、ほぼありません。

これは住まいがマレーシアというのも理由のひとつではありますが、それ以上に、広告を使えば一瞬でお客さまが集まるのを知っているからです。

だから、顧客に挨拶回りをしたり、飛び込み営業をすることは一切ありません。

やっていることは至ってシンプルで、企画を立て、広告を打ち、お客さまを集める。ただそれだけです。労力を使わないということは、そのぶんお金がかかりますが、そこにかけた広告費を回収できるスキルさえ持ち合わせていれば、広告を打たないほうがむしろ損という考えにすらなります。

なぜなら、私が広告を打てば、最低でも5〜10倍の売上となって戻ってくるからです。

このように広告を使うということは、たくさんのメリットがあります。

しかし、それを使いこなすためには、広告が持つ価値と、回収できるだけのスキルが必要です。そこを見過ごしてしまうと、広告費を無駄にし、赤字に転落することもありえますので〝広告と友達〟になるためにも、次で言うことは肝に銘じ、忘れないでください。

【まとめ】広告の5つのメリット

①自分ではアプローチできない領域に
一瞬でアクセスできる

②数値化しやすく、コスト戦略を
組み立てることができる

③広告はギャンブルではなく、投資である

④レバレッジをかけ、無尽蔵に
資産を増やせる

⑤時間と場所に縛られず、
待つだけでお客さまが集まる

↓

この5つを常に頭に
入れておく!

流行りのネット媒体に翻弄《ほんろう》されるな

これだけインターネットが流行り、儲ける人がネット上から出てくると、「やはりこれからはネットの時代なのか」と考えてしまう人も少なくないと思います。

誤解のないように言っておくと、インターネットはあくまで「便利なツール」であり、魔法ではありません。その証拠に、電話も世界とつながっていますが、あなたのもとにアフリカの奥地に住む村長から電話が鳴ることはありません。

これはインターネットも同じで、物理的に世界とつながっているとはいえ、世界からあなたのもとにアクセスがあるということはないのです。

ここを見誤《みあやま》ると、インターネットを始めたところで何も起きることはなく、多額の借金だけがあなたに襲い掛かることになります。

そうならないためにも、過剰な夢を見て幻想に溺《おぼ》れるのではなく、インターネットはツールのひとつであるという冷静な認識を持った上で活用することです。

ここさえ間違えなければ、インターネットを使うメリットはたくさんあります。

大きく分けると次の2つです。

①　コストがほとんどかからない

②　自動化させることが容易である

それぞれ見ていきましょう。

①　コストがほとんどかからない

これまで顧客と接点を持つ際には、多くのコストがかかっていました。

たとえば商談に行く際の交通費、郵送する際の切手代、顧客と連絡を取り合う電話代など、これらの単価は小さなものかもしれませんが、チリも積もれば山となるで、気づいたらとんでもないコストがかかっていたということはよくあります。

ニュースレターを毎月1通、顧客に郵送したとします。

仮に1000人の顧客がいた場合、それだけで1ヵ月10万円近くの輸送コストがかかる計算です。これではとても、毎日送ることはできません。

ビジネスは、接触回数や接触頻度が信頼を高めてくれます。要は、セールスに至るまでのプロセスが確立されていれば、強引に売り込まずとも商品に興味を持ち買ってもらうことができるのです。

それなのに先ほどのように、1回のコストが10万円もかかっていたら、それこそ利益を出す前に経費倒れしてしまいます。

これでは、もはやビジネスではありません。

だからこれまでのマーケティングというのは、コストを考えてしまい積極的に攻めることができなかったわけですが、インターネットはその壁を簡単に壊し、可能性の扉を開いてくれました。

それが、あなたが毎日の仕事で使っている「メール」です。

もちろん、メールを使えるようにするには、プロバイダーの契約などが必要です。

しかし、そのコストは５０００円以下の固定料金のみであるため、昔の従量制課金と違い安心して多くの情報を顧客に届けることができます。

しかもニュースレターと違い、配送コストが発生するわけではないので、毎日、いや１日何通でも送ることもできるということです。

さらにいまの時代、文字だけに限らず、音声や動画も無料で気軽に送れる時代になったため、直接会わずとも信頼関係を構築することもできてしまいます。

② 自動化させることが容易である

これまでビジネスを自動化するには、業務を分担し、工場で使うような大型の機械を導入する以外、手立てはありませんでした。

そのため、ここまでできない会社は、アルバイトやパートに作業を任せ、手動を絡めることで〝自動化もどき〟をしていたわけですが、これを個人でも簡単に導入することができるようになったのが、インターネットを活用したツールです。

たとえば先ほどのニュースレターのケースで言えば、これまでパートさんが紙を印刷し、封筒に詰め、切手を貼って、配送業者に渡すという作業が必要でした。

これだけ見ても、多くの作業とコストがかかっているのは明白です。

しかし、これがインターネットを使った場合どのように変わるのかというと、メールマガジンを配信すれば、わずか数秒で、あなたの大切なメッセージを顧客に届けることができます。

さらに、この一斉送信する内容をステップメールに組み込んでしまえば、あなたは、何もせずとも情報を定期間隔で送ることができるということです。

ちなみに念のため説明すると、「メールマガジン」とは、登録者に対し決まったメッセージを一斉送信するシステムのことで、「ステップメール」とは、登録者に対し、1話から順番にメッセージを流していくシステムのことです。

一見複雑に見えるシステムであっても、やってみると意外に簡単で、小学生でもできるレベルです。

だから、あなたもメールを送るだけの技術があれば、その延長でメルマガやステップメールを導入することは、さほど難しいことではありません。

■媒体ではなく、顧客を見る

このようにインターネットにはさまざまなメリットがあるので、すぐに始めたいと思う人も多いかもしれません。

しかし、そもそもインターネットに答えがあるわけではありません。

大切なのは、「あなたのお客さまがどの媒体を見ているのか」ということです。

そこを抜かして考えても、武器は効果を発揮するどころか意味をなくし、むしろ新しいことを覚える時間やストレスを考えると、やらないほうがマシと言えるかもしれません。

その証拠に、少し想像してみてください。

90歳のおじいさんに、フェイスブックやSNSと言ったところで、「なんじゃそりゃ」

と言われておしまいです。

それよりは、彼らが見ている媒体が、紙であれば、チラシやニュースレターのほうがむしろ反応を取ることができます。

これは、顧客のライフスタイルを知れば、容易に想像することができます。

流行りに翻弄される人は、この基本的なことがわかっていません。

だから短期的欲求を刺激され、魔法の杖を手に入れるべく、楽な方法ばかり追ってしまうのですが、残念ながらそういう人がお金持ちになることはありません。

なぜなら何度も言うように、インターネットは特別なものではなく単なるツールでしかないからです。

リストのパワーを侮るな

集客は、「リスト集めが成否を分ける」と言っても過言ではありません。

たとえば、あなたが黒いペンを販売しているとします。

これまでに1万人の人に買ってもらうことができました。

それに気をよくしたあなたは、今度は赤いペンを販売することにします。

黒いペンが売れたおかげで、1万人の顧客リストをすでに持っている状態なので、広告はせずに、ひとまず1万人の顧客リストに、赤いペンを案内することにしました。

すると、1回のメールで2000人の方が欲しいと手を挙げ、購入してくれることになりました。

これが、リストの力です。

このように言うと、あなたは「最初の顧客リストがないから困っているんだ!」と私を睨みつけるかもしれませんが、それを解決するための話を、いまからしていきます。

ここまでのことで「集客には商品は不要だ」ということはもうわかったと思います。

集客を打開する秘密も、そこに隠されています。

前述したように、お客さまは商品ではなく「望む結果」さえ手に入れることができれば、それでハッピーです。ということは、願望を満たすようなプレゼントを無料でおこない、リストを集めてもいいわけです。

これを、お客さまの前の状態を示すリストとなるので「見込み客リスト」と呼びます。

しかも、この見込み客リストは、商品をいきなり売るのではなく無料プレゼントをするだけで集めることができるので、非常に簡単です。

しかも相手に警戒心を抱かせることなく、喜んでリストを提供してくれる可能性も期待できます。

この見込み客リストの数が、あなたを集客マスターに変え、この先の不況に打ち勝つ勇気と希望をくれることになります。

ただ、ここまでのことは、本やネットを見ればさまざまなところで公開されているので知っている人も多いと思います。本当の成否は、このあとにあります。

■広告を投資と考える

どのようにこの見込み客リストを集めるかが、勝ち組か負け組かを決めます。

まずリストを集める上で多くの人が陥りがちな過ちは、ブログやフェイスブックなどの無料媒体を使い、メッセージを発信し、ファンを集めようとしてしまうことです。

これは、インターネットをビジネスに活用している人であれば、常識中の常識のようにも思えるかもしれませんが、じつは一番やってはいけない地獄の幕開けです。

成功しているお金持ちは、無料ブログもフェイスブックも一切やっていないという人が多数派です。アカウントはあるけれど、ログインすらしていないという状況です。

一方、成功を夢見る貧乏人はというと、「いいね」を期待したくだらない投稿に振りまわされ、空き時間は「いいね返し」に媚《こび》を売る、奴隷のような生活を過ごしています。いいね、いいね、いいね……これではサルの毛づくろいと同じです。

では、どうしたら見込み客リストを手に入れ、成功者の仲間入りを果たすことができるのかというと、答えは極めてシンプルです。

お金を稼いでいる成功者は、広告をかけ、見込み客リストを集めている。

これが、本当の答えです。

貧乏人は無料ブログなどに記事を書くことでリストを集めようとしますが、成功者は、広告費にお金を投下し、リストを集めているのです。

3年分の労力を、わずか5分で回収できるのが広告の威力です。

ただこのように言うと、「記事を書くのは必要ないのか？」という疑問が生まれるかもしれません。

その答えは「Ｎｏ」です。記事は、ブログであれ、メルマガであれ、書く必要があります。

しかし、お金持ちは別の用途で記事を書いているのです。

わかりやすく比較してみます。

貧乏人は、リスト集めを目的に、1日20投稿することで体力と精神を消費します。

成功者は、広告で集めたリストに対し、信頼関係の構築を目的に記事を書きます。

ここが大きな違いです。

成功者と貧乏人とでは、記事を書く目的がそもそも違っていたのです。

記事を書く目的→「貧乏人はリスト集め」「成功者は信頼構築」です。

ここまで聞いてみて、「広告費をかけられない人は、成功することはできないのか？」と言う人がいます。

こちらも答えは「Ｎｏ」です。

誰だって最初から大きな広告費をかけられる人ばかりではありませんし、私だって起業時、最初に打った広告は3万円でした。当時の私はこの3万円ですら怖く、ブルブル震えていたのを覚えています。大切な3万円がなくなったらどうしよう……と。

しかし、その恐怖に立ち向かい乗り越えたからこそ、その投資した3万円が110万円という売上となって、戻ってきてくれたのです。

だから、怖い気持ちをグッと堪《こら》えチャレンジしてください。〝広告をあやつる〟というフェーズに入らなければ、一生、趣味から脱却することはできないからです。

「でも、自分の業態は広告できる媒体がありません」と言う人がいます。残念ですが、広告ができない業種というのは、ビジネスとしての市場が確立されていないということなので、見切りをつけたほうが早いです。規模が小さすぎるのです。

だから、趣味ではなくビジネスとして捉えるのであれば、「広告手段のない業態には入るな」ということです。

もちろん、「年収1000万円もあれば、忙しくても十分幸せです」というのであれば、無料集客に奮闘すればいいでしょう。しかし自由を手に入れながら、それを1億円にすることは無料集客では100%無理です。

なぜなら、ビジネスは投資だからです。

大きな売上を上げたければ、投資額を増やすしかないのです。

広告費も同じです。毎日コツコツブログを書き、「客よ、来い!」と念じる暇があるのであれば、広告にチャレンジしてください。

ヒントは「競合他社」にある

それでも、「やはり広告は怖いです」と言う人がいます。

そこで、広告にチャレンジするためのステップを最後にお伝えします。

まず集客は、広告を使えないのであれば労力をかけるしかありません。

しかし多くの人は、その労力を向ける方向自体が間違っているのです。

そのため、うまくいかない人はというと、前述したように無料ブログやフェイスブックなどのＳＮＳに奮闘することを選択します。

それ自体がそもそもの間違いです。なぜなら、無料媒体にアプローチしている限り、お金を払う可能性のある見込み客に出会うことは、ほぼないからです。

そこには見込み客がいないのです。

仮に出会えたとしても、その頃には貯金は底をつき、アルバイト生活に明け暮れているはずです。これでは趣味にすらなりません。

そうではなく、見込み客がどこにいるのかを知れば、自ずと答えは見えてきます。

そうです。「競合他社」にいます。

なぜなら競合他社は、あなたとは違い多額の広告費をかけ、大量に集客をおこなっているからです。そこに出向き、横取りすればいいだけです。

■横取り＝悪ではない

このように言うと、「そんなハイエナみたいなことしたくない」と言う人がいます。

しかし世の中にある大半のビジネスは、お客さまを横取りし合い、成り立っています。

たとえば、携帯電話会社は「乗り換えキャンペーン」などとＣＭを大々的に流しては、お客さまを競合他社から奪うことを考えているのです。

もちろん、広告にすら悩む会社に、ＣＭの話をするのは非現実的かもしれませんが、規模は違えど、この原則は基本同じです。


競合他社に出向き直接横取りするのか？

それとも、競合他社の店先に看板を掲げ、帰り際にメッセージを届けるのか？

はたまた、競合他社が出す広告の横に枠を陣取り、お客さまにアプローチするのか？


これだけの違いです。

だから広告費が怖くて出せないというのであれば、競合他社のお客さまにダイレクトアプローチしてください。そこで1件でもお客さまを獲得することができれば、そのお金を使い広告すればいいことです。

これが、労力をかけた集客法です。

そこさえ間違わなければ、あなたは広告を味方につけ、無尽蔵に売上を上げ続けることができるようになります。なぜなら広告を使うということは、自分の枠を超えステージを上げることでもあるからです。

Chapter 3

第3の洞察

セールスの真実

なぜ、売りたいものが売れないのか？

売れる商品、売れない商品

ビジネスで勝つには、いい商品ではなく「売れる商品」を扱うことです。

ここが多くの人が誤解し、迷走してしまう最大の点とも言えます。

あなたが言う「いい商品」というのは、主観でしかなく客観的ではありません。

一方、「売れる商品」というのは、すでにお客さまが受け入れている状態なので、客観性が高く容易に売ることができます。

だから、ビジネスで勝ちたければ、「売れる商品」を扱うことが大切なのです。

これは、いわゆる代理店と呼ばれる会社を見れば顕著《けんちょ》にわかります。

代理店とは、読んで字のごとく、さまざまな商品をメーカーの代理で取り扱うため、人気のない商品に時間を割くことはしません。

これは複数商品を扱う人の中では常識です。

誰だって売れる商品に注目します。そこに時間、お金、労力を注《そそ》ぐのが人間です。

だから代理店を募集する、しないに拘《こだわ》らず、まずは自分が売り、「これは売れる商品だ」ということを証明する必要があるのです。

なぜなら、一番商品に詳しく、情熱も強いあなたが売ることができないものを、他人が売ることはできないからです。

■ 売りたいものではなく、売れるものを扱え

代理店は慈善事業ではありません。

儲かるから取り扱うだけです。

しかし売れるということが証明さえできれば、あなたが代理店制度など用意せずとも、向こうから頭を下げ、「あなたの商品を売らせてください」と交渉にやってきます。

だから、「この商品で世界を変えたい」などと大きいことを言う暇があるのであれば、自らの手でひとつでも多くの商品を売ることが大切なのです。

このように言うと、「それができれば誰も苦労しないし、世の中から倒産がなくなるよ」と冷ややかな眼差しで、あなたはケチをつけるかもしれません。

しかし、次で話す3つの項目を知れば、この先どんな不況がやってきたとしても、あなただけは勝ち残り、成功することはさほど難しいことではなくなります。

どんな不況が訪れても勝ち残れる3つの販売戦略

では一体その3つの項目とは何なのか？

①常にブームの波に乗れ
②お客さまが感じる価値を知れ
③好きなものを売るな

これだけ見ると何が何だかわからないと思いますので、それぞれ詳しく見ていきます。

■ 究極の販売戦略とは

① 常にブームの波に乗れ

「ビジネスの成長曲線」という言葉を聞いたことはありますか？

ビジネスとは4つの曲線で成り立ち、**ひとつの商品は「導入期」↓「成長期」↓「衰退期」↓「成熟期」というサイクルで流れています。**

この曲線を描けない会社は廃業し、ビジネスの世界から姿を消すとも言われています。

そのため「ビジネスの成長曲線を見ることが成功の鍵」とも言われるわけですが、ここでの①「常にブームの波に乗れ」というのは、**「成長期」**に該当します。

ちなみに**「導入期」**というのは、きちっとした市場がまだ確立されていない状態なので、お客さまもいなければ、競合他社すらいない状態です。だから、**「導入期」**に参入してしまうと、認知を広げるための膨大な広告宣伝費を覚悟する必要があります。

これでは、まだ売れるかわからない商品に対し先行投資するには、あまりにもリスクが高く危険です。だから多くの新しい商品は世に出る前に敗退し、日の目を見ることなく消えてしまうのです。

一方、**「成長期」**というのは、ブームになりつつある状態のため、需要と供給が合っていません。そのため、お客さまはいるが商品を提供する人が圧倒的に足りていないという状態です。だから、各社にお客さまが殺到し、能力以上の売上を上げることになります。

ただし、ここでのポイントは、「能力以上に」という部分です。

「成長期」というのは、先ほど言ったように需要と供給が合っていません。ということは、多少セールスが下手でも、お客さまを獲得することができてしまうということです。

もちろん、このブームが続いている間は、ガッポガッポ儲かるので何も心配ありませんが、成否を分けるのは**「衰退期」**に入ったときです。

なぜかというと、**「成長期」**でブームを体感し、儲かったのは自分の能力だと勘違いした無能な社長は、**「衰退期」**に廃業に追いやられる羽目となるからです。

しかしブームが去ったからといって、全員が全員、廃業することはありません。その後も勝ち残り、さらに会社を大きくしていく成功者もいます。

では一体、何がその差を分けるのかというと、その理由は2つあります。

1つは、「儲けたお金は自分の能力ではなくブームだった」と客観視できるかどうか。

2つめは、スポットライトを自分に当てずに、お客さまに当てることができたかどうか。

以上の2点です。

この2つが、きちんと自分の中に明確になっている人は、その後も勝ち残り、ここが見えなかった人は、借金返済のためにバイトに明け暮れる日々となるのです。

それだけこの2つは重要なわけですが、なかでも大切なのは後者の「スポットライトを自分に当てずに、お客さまに当てることができたかどうか」です。

商品に固執してしまう社長は、エゴが捨てきれず、時代が変わっていることに気づくことができません。そのため、自分の能力を過信し、まわりの意見に耳を貸さなくなってしまうのです。

しかし商品にはライフサイクルがあり、いつかブームは去ってしまいます。そのとき、商品と共に心中するのか、それともお客さまの願望にフォーカスし、変化する勇気を持つのか、それによって未来は大きく変わるということです。

② お客さまが感じる価値を知れ

売れる商品の見極めができない人というのは、視野が狭く「商品はひとつだ」と思い込んでいる傾向があります。しかし売れる商品というのは、単体ではなく「総合評価」で成り立っています。

詳しく説明していきます。

２０１０年、ヤフージャパンが、ライバル会社でもあるグーグルの検索エンジンを搭載する発表をしました。

通常で考えれば、メイン商品でもあり心臓部でもある検索エンジンに、ライバル会社のものを採用するなどあり得ません。

しかし、それをヤフーはあえて導入に踏み切ったのです。

当時の評論家はこう言いました。

「ヤフーもこれで終わりですね。顧客はグーグルに流れます」

その予測は大きく外れ、翌年のヤフーの売上は10％以上も伸びる結果となったのです。

何がこの売上を支える結果となったのでしょうか。

お客さまは、検索エンジンの種類などどうでもよく、検索した結果をきちんと表示してくれれば、どこのエンジンを使おうが気にしなかったということです。

売れない人というのは、商品単体に固執してしまいます。

しかし、お客さまは総合判断しています。何を価値と見るかによって、その会社が提供する価値やサービスが大きく変わるのです。

そのため、これは見方を広げれば、意外なところがライバルになることもあり得るということです。

このように言うと、「ヤフーが提供する商品ってそもそも何？」と気になるかもしれませんが、これを知れば、検索エンジンなど、あくまでひとつの価値でしかないことに気づくことができます。

では、そのヤフーが提供する商品とは一体何か？

- **ヤフー知恵袋**
- **ヤフーニュース**

・ヤフオク！
・ヤフーショッピング
・ヤフー地図

「それ知ってる」と言う人も多いかも知れませんが、ヤフーはさまざまなコンテンツを運用し、そのサービスを使う人が多くいます。

こう見てみると、検索エンジンなど、多くの中のひとつのコンテンツにすぎないということがわかります。

だから当時のヤフーは、「自分たちより優れた性能を持っているグーグルエンジンを使う」と決めたのです。

これは、ヤフーやグーグルのような大きな企業だけに限ったことではありません。

たとえばホテルのバーラウンジであっても、基本的な考え方は同じです。

視野の狭い人は、そこで提供される「お酒」や「料理」だけが商品だという思い込みがありますが、そのほかにも、「雰囲気」「スタッフの対応」「気遣い」なども、そのバーラウンジが提供する価値です。

さらに、「あなたが連れて行く相手」も価値に含まれます。

「なんで自分が連れて行った人が、お店の価値になるの？」と思うかもしれませんが、そんなあなたに質問です。

その相手を近所の安い酒屋に連れて行き、紙コップ片手に立ち飲みすることはできますか？　もちろん、そんなことできませんね。

なぜなら、その相手は大切な彼女かもしれませんし、重要な立場の商談相手かもしれないからです。だから、その相手にふさわしい場所として、1杯2000円もするようなホテルのバーラウンジを予約することとなったのです。

このように考えると、お客さまにとっての商品はひとつではないということが理解できたと思います。だからこそ、お客さまが見る総合視野を持つようにしてください。

③　好きなものを売るな

儲けるのが下手な人は、自分の好きなもの、自分が素晴らしいと感じたものを、新規客に売ろうとします。

それはハッキリいって無理です。迷惑行為です。

なぜなら、あなたがいいと思うものを相手もいいと考えるのは傲慢な考え方だからです。

これはチンピラの押し売りと変わりありません。

お金儲けが上手な人は、2つのステップを取ることを考えます。

第1ステップ:相手が欲しいもの、相手がすでにお金を払っているものをまずは売る

第2ステップ:その商品を買ってくれた人に、自分が売りたいものを売る

こう言うと、「自分の好きなものを売るのはダメなのでは?」と、あげ足をとる人がいますが、好きなものを売ってはいけないのは、「新規客に限り」という意味です。

一度でも商品を買ってくれた人には、自分が好きな商品を売ることができます。

なぜなら、そこには新規と違い「信頼」という深い絆でつながれた、関係性が存在しているからです。

だから、新規には売れないものであっても既存客には売れるということです。

ただし、その信頼も商品を1回売ってその後放置しているようであれば、数日経つ頃には、あなたの存在は顧客の中から消え去り、「どなたでしたっけ?」となります。

ですので、売り逃げするのではなく、その後も顧客の願望を叶える情報なり商品を届け、共に未来を築くアドバイザーのような存在になることが大切になってくるのです。

そうすることで、あなた自身に絶大な信頼をおいているファン層が、あなたが出す次の商品を待ち望んだ状態で、買ってくれるようになります。

ここでのポイントは、信頼は「あなた」に対してであり、商品にではないということです。

新規には、これが通用しません。

なぜなら、お客さまの中に、まだあなたが存在していないからです。

だから最初から、自分の好きなものを売ることはできないのです。

そうではなく、新規客に売る場合は、まずは相手に光を当て、「相手が感じる短期的欲求」を提示することが、新規客の冷え切った心の扉を開くことになるのです。

では、どうしたら新規客が感じる短期的欲求を知ることができるのか?

そして、もっと言うと、その新規客が買った商品を知ることはできないのか?

答えは簡単で「直接、お客さまに聞けばいいだけ」です。

多くの人は、この「聞く」を怠《おこた》ってしまうからこそ、商品を売ることができません。

しかし、聞けば教えてくれます。

もちろん、これから商品を販売する人の全員に聞くということは物理的に無理です。

しかし身近な見込み客の2～3人に聞くことは誰にでもできます。

そこである程度、共通点が見つかれば準備はOKです。

あとは、市場に向けて企画を流すだけです。

これは農園の親父さんがランダムに数個の桃をちぎり「今年の桃は最高だ」と品定めするのと同じです。彼らは農園にある桃を隅から隅までをチェックすることはしません。しかし、その数個が全体の指標となり、収穫作業へと取り掛かります。

これと同じなのです。

ただし注意点は、見込み客、つまりお金を払う意思のある人に聞かなければ、何の意味もないということです。

たとえるなら、隣のぶどう畑に行き、「今年のぶどうは最高だ」と言いつつ、桃を収穫するようなものです。正直こんな間抜けはいないと思いますが、ビジネスの世界には、このような見当違いなことを真顔でする人がいるのです。

それが、「リサーチ会社」です。

もちろん、この「見込み客の概念」を理解しているリサーチ会社であれば問題ありませんが、大半のリサーチ会社は、多額のお金を請求し、冷やかし客のどうでもいい意見を集め、クライアントに提出します。

そんなどうでもいい意見を集めたところで、プロジェクトに混乱を招くだけです。

このように言うと、「見込み客」と「冷やかし客」の見分け方がわからないという人がいるので、見込み客を見分けるコツをお伝えします。

それは「これまでに、その業界の商品にお金を払ったかどうか」です。

それ以外は、該当するターゲットと同じ年齢や性別であっても、限りなく冷やかし客に近い存在であるため、そんなクズの意見を集めたところで、お金になることはありません。

ですので、新規客の心をグッと勝ち得るためにも、1円の価値もない冷やかし客の意見を集めるのではなく、お金を払う意思のある見込み客「だけ」に聞くようにしてください。

コストをかけずに売上を劇的に上げる

あなたの会社に、高単価商品のラインナップはありますか?

もしないとすれば、あなたの会社の1年後は存続していないかもしれません。

なぜなら、ビジネスで儲けるために必要なのは、「高単価商品」または「リピート商品」だからです。

安い商品を新規ばかりに販売していたら、広告予算を組むことができず、常に「神頼み」するしかないからです。

しかし高単価、もしくはリピート商品があれば話は別です。

新規にかけるコストを十分に取ることができるので、攻めのビジネスを展開させることができます。

新規は既存にかかるコストの7倍と言われ、広告宣伝費に利益は圧迫されます。

ですので、安定した経営のためにも、高額またはリピート商品を販売する施策を考えていく必要があるのです。

「わが社は高額商品などつくったこともないし、イメージすらできない」と言う人がいますが、それはお客さまの願望を無視している証拠です。

お客さまは、その商品を買って終わりではなく、その先にある願望が満たされてはじめて、目標および目的達成することができるからです。

そのため、「価格＝お客さまの願望の大きさ」とも言うことができます。

だから、価格とは本来、あなたが決めるものではないということです。

■お客さまの欲を刺激せよ

では、どうしたらコストをかけずに高単価商品を生み出すことができるのか?

それは、「お客さまのエゴを満たすこと」です。

詳しく解説していきます。

海外では、1~2億円する車が販売されています。

さらに高い車となると、4億円以上する高級車もあります。

一方、日本車はというと、高くても2000万円程度です。

しかし、機能比べをしたら、日本車よりも優れた車はありません。

にも拘らず、価格は10倍以上も違います。

では、4億円もする車を買う人が騙されているのかというと、そんなことはなく、むしろ彼らは、10億円の車が出たとしても買う可能性は大です。

なぜなら、彼らは車という機能だけにお金を払っているわけではないからです。

機能だけでは補いきれない「何か別の価値」が隠されているということです。

この真意がわかるようになると、あなたも高額商品をつくり、セレブの仲間入りを果たすことができるようになります。

ではその裏側に隠された答えは何か。

それは、「高級車は高級だから価値がある」ということです。

いくらあなたがお金持ちだからといって、さすがに札束をぶら下げ、東京は渋谷のど真ん中を歩くことはできません。

おそらく10分もしないうちにひったくりに遭《あ》い、身ぐるみ剥がされ、警察に駆け込むことになります。しかし、これが高級車であれば、そういった危険な目に遭うことなく堂々と街中を走ることができます。

考えてみてください。

あなたが4億円もするイタリア製のスーパーカーに乗り、街に繰り出したとします。

当然、周囲の人たちは熱い視線で、あなたの存在に釘付けとなります。

そんな高級車が日本の道路を走ることはないからです。

しかも、その助手席には金髪が輝くモデル級の美女が座っています。

まわりが見ないはずはありません。

そして高級ホテルに入れば、何人ものスタッフが駆け寄り、「○○さまのご到着です」

という掛け声とともに、深々と頭を下げ、出迎えるのです。

こんなに気持ちいいことはありません。

そのあともカフェに立ち寄り車を止めれば、車の前で記念撮影する人集りができ、車に戻れば見ず知らずの人に「カッコいいです」と握手を求められる。

そんな毎日です。

……と、ここまで見てわかるように、車の機能のことなど一切触れていません。

そこにあるのは、まわりからの熱い視線、助手席に座るモデル級の美女、高級ホテルでの扱いといった、車とは関係のない価値や出来事です。

一方、新車とはいえ、内装空間の狭い、日本の軽自動車の場合はというと、見ず知らずの人が車をバックに記念写真を撮ることなどありません。高級ホテルに行っても誰も駆け寄ることなく雑な扱いを受けるだけです。

しかし車であることには変わりありませんし、軽自動車だからといって、タイヤが3つしかないということもありません。

軽自動車であれ、機能も素晴らしく、快適空間を約束された安全性の高い製品です。

それなのに、私たちは「高級車＝お金持ち＝自分より格上」と勝手に判断し、7千万円のロールスロイスがウィンカーを出し車線変更してきたら、軽くブレーキを踏み笑顔でスペースを譲る……そんな自分がいることに気づくはずです。

これを見て、おかしいと思いませんか？

裸で2人が並べば、さほど大きな差を感じることはありませんが、そこに高級車というアイテムが入ることで品格の差が生まれ、一瞬で上下関係を感じさせる、見えない何かが生まれてしまうのです。

それが欲であり、エゴです。

欲というのは一度刺激されたら最後です。

その欲はエゴとなって増幅し、誰も止めることはできません。

ただし、これは逆を言えば、そのエゴを満たすようなサービスを事前に仕組みとして組み込んでしまえば、大きなコストをかけずとも売上を倍増させることは、さほど難しくないということです。

しかも、上位層を味方につけてしまえば、また次なる上位層を引き連れてやってくる好循環を生むこともできるのです。

それを上手に取り入れているのが、高級ホテルや飛行機などで提供される、上級会員サービスです。

たとえば、高級ホテルや飛行機というのは「階級制度」が設けられており、上級会員になると専用のラウンジで飲み物や食べ物が無料で提供される仕組みになっています。

また、飛行機においては、シャワーやマッサージも無料で使え、搭乗までゆっくりと快適に過ごすことができます。

このように、欲を刺激することで、高額商品やリピート商品を自在に売ることが可能になるということです。あなたのビジネスに応用できないか、参考にしてみてください。

セールスに対する苦手意識を克服する

世の中、セールスが苦手という人が多いです。

しかし、それは悪い洗脳を受けた結果であり、そんな洗脳を受けたあなたは被害者です。

ためしに最近買ったものを見渡してください。

全部が全部、「嫌な商品を売りつけられ、被害に遭った」というものばかりでしょうか？

おそらく、そんなものはほとんどなく、むしろ喜んで使っているものばかりです。にも拘らず、セールスする側となると、いけないことをしているような錯覚を受けます。

「どうしても売ることに対して罪悪感を覚える」というように。

それを解消するためには、悪い洗脳に対して上書きする必要があります。

その作業をおこなわない限り、あなたは今後一生売ることに抵抗を感じ、貧乏から脱することはできません。

なぜなら、商品を売る度に「申し訳ない」と心で謝罪する羽目となるからです。

そんな状態では商品が売れるはずもなく、いつかは病気になってしまいます。そうではなく、まずは心のブレーキを外すための誤解を解消していく必要があります。

ここを間違えたまま進めてしまうと、洗脳を上書きするどころか、とんでもない方向にいってしまう恐れがあるからです。

では、その誤解とは何か。

それは、「商品を売ること=セールス」だと思っていることです。

このように言うと、「違うの? 嘘でしょ。私を騙すつもり」と、あなたは私を猜疑の目で見るかもしれません。

だからあなたは売れないのです。

セールスとは話を聞き始めた瞬間から、すべてのプロセスが始まっているということを認識する必要があります。

商品を売るというのはあくまで結果論であって、さほど重要なことではありません。

商談の最後で「クロージング」などという言葉がありますが、それは三流がやることで、セールスを感じさせないプロは、スロープを最初からつくり、違和感なくゆっくり自分の世界に引き込むことを意識します。

だからセールスとは、商品を売ること「だけ」ではないのです。

相手の願望にダイレクトにアクセスし、まずは「聞くこと」が大切になってきます。

そのための第一歩が、商品についての専門家になるのではなく、お客さまの願望についての専門家になることです。

その上で大切なのは、出会った3秒で「未来の希望の光」となれるかどうかです。

なぜなら、人は最初の出会いによって、その人の格や位置付けを、潜在意識の中で勝手に決めてしまうからです。

そのため、そこで「専門家」という位置付けを獲得することができなければ、その後どんなにいい話をしても右から左に話は流れ、最悪、お客さまは「胡散臭い詐欺師野郎」という目であなたを見て、顎《あご》で扱うようになるのです。こんな状態であなたが受注を勝ち取り、その後いいサービスを提供することなどできません。

そうではなく、「最初の3秒」に命をかけなければいけないのです。

■最初の3秒で、あなたの強固な実績を見せる

こうすることで相手はあなたを専門家として扱い、時間とお金に制限をかけることなく、使ってくれるようになります。あなたからしたら、それがひとつのセールストークであっても、相手からしたら貴重なアドバイスとして認識されるからです。

そこで問題となってくるのが、「最初の3秒で何を伝えればいいのか?」ということです。

それは、「強固な実績」です。

ここでしょうもない実績を出したり、たいしたことのない経験を出す人がいますが、それは出すだけ無駄で、むしろ出さないほうがマシです。

限られた時間、限られた範囲の中で最初の3秒を伝えるには、余計なものはかえってマ

イナス効果を生み出しかねないからです。

だから、「強固な実績」以外は出す必要がないのです。

ただ、ここまで言うと、「実績といっても……ありません」と言う人がいますが、これは2～3個もあれば十分です。

相手も暇ではないので、100個も200個も話を聞くことなどできないからです。ということは、最強のひとつの実績をメイントークとし、反応を見ることが大切になってくるということです。

たとえば商品を売りたいのであれば「顧客リピート率90%以上の～」など、どんな人でも探せば必ずひとつはあるはずなので、一度自分のビジネスを見直してください。

次に、意識しなければいけないことは、話す内容ではなく、「相手の話を聞く態勢を意識する」ということです。

なぜなら、同じ話をしても相手に受け取る態勢がなければ効果はゼロだからです。

話とは、伝えて終わりではなく「伝わって初めて価値となる」ものです。

だから、相手の状態を最優先で考える必要があるのです。

ここで大切なのは、相手が抱える一番の関心ごとにアクセスすることです。

たとえば、子どもが学校でイジメに遭っているとします。
そうなった場合、親としては子どものイジメが頭の中の大半を占領することになります。
「イジメ、イジメ、イジメ……たまに仕事、またイジメ、イジメ」といった具合です。
もし、このような悩みを抱えているときに、イジメに関する専門家が目の前にいたら、あなたは、どうしますか?

間違いなくメモとペンを用紙し「話を聞かせてください」と、土下座さながらの勢いでお願いすることになるはずです。なぜなら、その問題は自分事ではなく、大切な子どもがSOSを出している重要な問題だからです。

このように同じ話でも、相手が抱える悩みや願望にダイレクトアクセスすることで、「自分はその問題を解決できる専門家だ」ということを、相手に実績を通し伝えることができます。こうなれば、もはやあなたはお客さまにとっての救世主になります。

しかしその実績は、この時点ではあくまで他人の事例でもあるので、完全にお客さまの不安が解消できたというわけではありません。

なぜなら、それらの実績を見れば他人が幸せになったのはわかっても、それが自分の状況に合うかどうかはまだわからないからです。

だから直接、あなたに話を聞きたいのです。

それが自分にも合うかどうかを含め、確認したいのです。

そこで希望の光となっているあなたに「大丈夫です」という言葉をもらうことができれば、その不安は完全解消し、具体的な商品の話を聞いてもらうことができます。

その状態で問題を解決するための商品が登場しても、違和感を与えることはありません。

むしろ「待ってました」とばかりに、ハイタッチするお客さまも出てくるかもしれません。

それを叶えることができるのがあなたであり、あなたが扱う商品だということです。

ここまでの話を聞くだけでも大分セールスに対する印象は変わってきたと思いますが、まだあなたの中に深く眠る間違った洗脳はしつこく根づき、解消しきれていないと思いますので、さらなる秘薬をあなたにお届けしていきます。

最強のセールステンプレート

セールスにおいては、「具体的なストーリー展開をどのようにしていくのか」ということが大切です。

このストーリー展開が、相手にとって違和感を覚えさせないものであれば、「売り込まれた」という感覚さえ与えることはありません。

それを叶えるのが、セールスせずに商品を売る「5つのステップ」です。

これは簡単なテンプレートでもありますので、ビジネスの現場に応用しお使いください。

これは5つの構成で成り立ち、すべてが手をつないでいる状態となります。

そのため、ひとつめを作動させてしまえば、あとは自然の流れで会話を進めることができます。だからとにかくファーストステップだけは、真剣におこなう必要があります。

ここをミスすると、どれだけいい商品を扱っていたとしても日の目を見ることはなく、あなたがいたことで商品価値を下げてしまうことにもなりかねません。

そうならないためにも、まずは余計なことを頭から追い出し、ファーストステップに意識を集中するようにしてください。

では、5つのステップを見ていきます。

「悩み」↓「原因」↓「解決策」↓「商品」↓「提案」

これです。

お客さまの「悩み」にフォーカスするということは、営業経験がある人であれば、一度は聞いたことがあるかもしれません。

しかし、その大半がビジネスの現場で役に立っていないのは、悩みを聞いただけで、次の「原因」を伝えず、いきなり商品を売り込んでいるからです。

相手もバカではありません。

「悩み↓商品」

いきなりこんなことをされたら、嫌われて当然です。

しかしノルマに追われ、焦っている人は、相手のことを考えることができません。

だから、「あなたの悩みはなんですか? それであれば、この商品が最適です」とバカトークをここぞとばかりに繰り広げ、惨敗する日々に頭を抱える羽目となるのです。

違います。「売ってはいけない」のです。

なぜなら、お客さまは売られたいのではなく、抱える問題を解決したいだけだからです。

だから、悩みからいきなり商品に飛ぶのではなく、5つのステップに則り、話をゆっくり展開していく必要があるのです。

これは旅行でも同じです。

アメリカのニューヨークに行きたいとします。

その場合、あなたの家からいきなりニューヨークのホテルに飛ぶことはできません。

最寄駅からリムジンバスが運行する駅に向かい、そこからリムジンバスに乗り成田空港に到着。出国後は飛行機に乗って、約12時間のフライトを満喫した後、ジョン・F・ケネディ空港に到着。そのあとはタクシーを使い、ダウンタウンにあるホテルに到着します。

セールスも完全に同じ流れです。

いきなり目的地でもあるゴールに飛ぶことなどできないのです。

それを無理にやろうとするから歪みが生じ、嫌われた挙句に塩をまかれ、悪評に心を痛める羽目となるのです。

そして、「セールス＝嫌われ者」といった間違った思い込みがあなたに襲い掛かり、深いトラウマとなって脳裏に焼きつくことになるのです。

そんなジレンマは今日で終わりです。

なぜなら、あなたは「売らないセールス」の公式を知ってしまったからです。

それが、先ほどお伝えした**「悩み」↓「原因」↓「解決策」↓「商品」↓「提案」**の5ステップだということです。

ここからは事例トークを交えながら、もう少し詳しく解説していきます。

■お客さまを引きこむ5ステップ

●ステップ① 「悩み」

まずは5つのステップの最初の一歩「悩み」についてです。

人は悩みの中に生きています。悩みがない人など、この世の中にいません。

それが世界で活躍する億万長者であっても、公園でダンボールハウスに住む浮浪者であっても、悩みがないという人はいないのです。

だからといって悩みの性質が同じかと言うと、そんなことはなく、億万長者が抱える悩みと、浮浪者が抱える悩みは、まったく異なるものとなります。

商品が売れない人というのは、このことが理解できません。

目の前にいる人の全員が、お客さまになると信じているのです。

だから商品が売れないわけです。

ここで大切になってくるのは、自分の商品は誰を救うことができるのか？ そして、ど

んな悩みや問題を解決することができるのか？

これを考えることです。そうすることで、誰にアプローチし、誰の悩みに耳をすませばいいのかが見えてくるようになるのです。

これがいわゆる「ターゲット設定」です。

ただその際、注意もあります。

それは、「悩んでいる人が必ずしもお客さまではない」ということです。

「そこにお金を払ってでも、その問題を解決したい」という深い悩みを抱えていることが大切になってくるのです。

お金や時間というのは、その人にとっての痛みだからです。ということは、その痛みの代償と引き換えに問題を解決する、もしくは願望を叶えるということになります。

そのため、あなたが相手にする人というのは、「お金を払う意思のある見込み客」でなければいけません。

このように言うと、「私はより多くの人を救いたい」と、目をギラつかせ綺麗事を言う人がいますが、そういう人はこの一言で黙ります。

「それ、無料でもやれますか？」

すると、そういった人は下を向き、それ以上何も言えなくなります。

まわりの評価を気にしてカッコいいセリフを考える暇があるのであれば、お金という痛みを引き換えにしても解決したいという、前向きな人を救うことが先決となるのです。

なぜなら、お金という痛みの代償を払えないという人は、まだ我慢できる程度の悩みだということだからです。

本気で解決したいとなれば、借金してでも解決するのが人間です。

だから、あなたはお金を払う意思のある人だけを最優先に考え、救いの手を差し伸べることが大切になってくるのです。

ここまでの話で、あなたが誰に悩みを聞けばいいのかがわかったと思いますが、ここからが肝心な部分でもあります。

先ほど言ったように、悩みからダイレクトに商品に繋いでしまうと、お客さまはドン引きします。そうではなく、悩みのあとに続く項目は「原因」です。

●ステップ②「原因」

悩みを抱えたら、その原因は何なのかが気になるのは自然の流れです。

いきなり解決策とはいきません。

「その悩みに対しては、この原因」といった具合に、何事にもプロセスがあります。

その自然な流れを保ちつつ、少しの違和感も覚えさせないのが、売り込みを感じさせないセールスのコツとなります。

●ステップ③「解決策」

次に、問題の原因がわかった人は、どのような行動をとるのかというと、当然ですが「解決策」です。

「どのようにしたらこの問題を解決できるのか？」ということが気になりだすわけです。

ここで誤解のないように言っておくと、この時点では解決策が知りたいだけで、商品が欲しいわけではないということです。まだ焦ってはいけません。

販売者となるとその視野が狭くなり、その問題なら「待ってました」とばかりに鼻息荒くしますが、餌に飢えヨダレを垂らすような人の話など誰も聞きたくありません。

問題を抱える目の前の見込み客は、その分野の専門家の意見やアドバイスを解決策として、ただ聞きたいだけなのです。

だから、そこに商品はまだ必要ないのです。ですので、**アドバイザー気取りでペラペラ話すのではなく、相手の話をよく聞くことが大切です。**

なぜ話すのではなく聞くことが大切なのかというと、私たちは自分が話している間は、ほかのことを考えることができず、その内容について集中することができるからです。

これが聞くほうはどうかというと、話など半分も聞けばいいほうで、今夜の飲み会のことや週末のイベントのことで頭が一杯となり、相手の話など何も残りません。

脳科学的観点から言っても、話すのではなく話をさせることが重要なのです。それが、その会話に集中させる最大の秘訣となります。

●ステップ④「商品」

次は、解決策から「商品」につなげるプロセスとなります。

ここまでの3つのステップがあるので、よほどおかしなことをしなければ相手のほうから「何かいい具体策はありますか？」と言われるようになります。

なぜなら、この3つのステップでは解決策までを伝えただけで、それを実現させる方法までは、伝えていないからです。

解決策では、「WHAT TO」（何をやるか）を伝え、商品の部分では、「HOW TO」（どうやってやるのか）を伝えるということです。ここが大きな違いです。

●ステップ⑤「提案」

最後は、「提案」のプロセスです。

もちろん、ここまでのステップでも十分なわけですが、誰しも最後には、背中を押してほしいものです。

せっかくお客さまがやる気になっていても、自分から率先して飛び込む勇気のある人ばかりではないからです。

その大半は内気でナイーブな人ばかりです。

とくに日本人は、遺伝子から見ても、イケイケのアクセルタイプではなく、石橋を叩きに叩くブレーキが強い慎重派タイプが多いです。

だから、最初の一歩という高いハードルを越えてもらうためにも、入り口はできるだけ低く設定してあげる必要があるのです。

なぜなら、新しいことを始めるということは不安や恐怖も同時に発生するからです。その不安や恐怖を少しでも軽減し、新しい挑戦に変えていただくためにも、誰もが気軽に取り組める提案が必要なのです。

これで5ステップの説明は以上となりますが、このままではイメージすることがなかなかできないので、具体的なトーク事例を見ていきます。

実践！　セールスの5ステップ

前項でご説明した5ステップを、具体的なストーリーに落とし込んで見てみましょう。

あなた：最近、何かお困りのことはありますか？**（悩み）**
お客さま：そうね。最近、眠れてないのよ。
あなた：どのぐらい眠れていませんか？
お客さま：だいたい1日3時間ぐらいかしら。
あなた：それはいけませんね。ちょっといいですか？　いま身体を見た所、背骨の歪

みによる、血行の悪化が原因かもしれませんね。**（原因）**
お客さま：そうなの？　そういえば家族から変な座り方ってよく言われるのよ。
あなた：そうですか。このままの歪みの状態が続くとさらに血流は悪化するので、背骨を元に戻すために、少し骨盤を調整したほうがいいですね。**（解決策）**
お客さま：何？　座り方に注意するとか？
あなた：座り方も確かに大切ですが、いまは背骨が歪んでしまっているので戻すのが先決です。ただ、周囲の筋肉が曲がった状態で記憶してしまっているので、この場で一時的に矯正しても、すぐに元に戻ってしまうんです。
お客さま：あら困った！　どうしたらいいかしら？
あなた：もし、お困りなら自宅でできる骨盤調整マシーンがあるのですが、試してみますか？**（商品）**
しかも、いまなら1週間無料貸し出しキャンペーンをやっているので、ぜひ使ってみてください。**（提案）**
お客さま：そうね。ちょっと試してみようかしら。

いかがでしょうか？

今回は、接骨院で骨盤矯正の機械を売るという設定でおこないましたが、基本の流れは、どの業種業態でも同じです。

変わるのは、場所とターゲットと商品だけで、この基本構成自体が変わるわけではありません。ですので、自分のビジネスに当てはめ、トライしてみてください。

■項目ごとにあてはめてセールストークを設計する

ただし、いきなりトークを考えるのは難しいと思いますので、まずは項目に当てはめ考えることが、このフォーマットを使う上でのコツとなります。

今回のケースを当てはめ見ていきます。

悩み：眠れていない

原因：背骨の歪みによる血流悪化
解決策：骨盤を調整すれば改善される
商品：自宅でできる骨盤調整マシーン
提案：1週間無料貸し出しキャンペーン

ポイントは、「商品」から逆算していることです。

「悩み」はこれにマッチするものであれば何でもよく、この商品を扱うことで最終的に悩みが改善されれば、それでお客さまはハッピーだということです。

大切なのは、「さまざまなことが解決します」というのではなく、商品が持つひとつの世界観を伝えることが重要になってくることです。

これは、たとえば美容院でも同じです。

カットモデルがさまざまな髪型をしていても、それはそのモデルに似合うだけで、自分が似合うとは限りません。

しかし人気美容室の見せ方はというと、流行りのタレントの髪型をモデル全員に起用し、

「髪型は同じだけどモデルだけが違う」という見せ方をします。

そうすることで、その髪型を希望するお客さまが、自分もこの髪型をした場合どうなるのかということがイメージしやすく、「ちょっと試してみようかな」となるわけです。

その髪型でのイメージがサンプルとしてあることで、もしかしたら自分にも似合うかも、という勇気と自信に変わるからです。

たくさんの髪型を打ち出すのではなく、これひとつというベストを売りに出すことで、そのお店には、その髪型になりたいと願うお客さまが殺到することになります。

またイメージを絞り統一することで、お客さまにはそのお店の世界観として伝えることができるようになります。

さらに、そのイメージを浸透させパワフルなブランドとして展開したければ、その髪型にオリジナルのセット名をつけることで、価値は倍増され、そのお店でしか実現できないオンリーワンになることができるようになります。

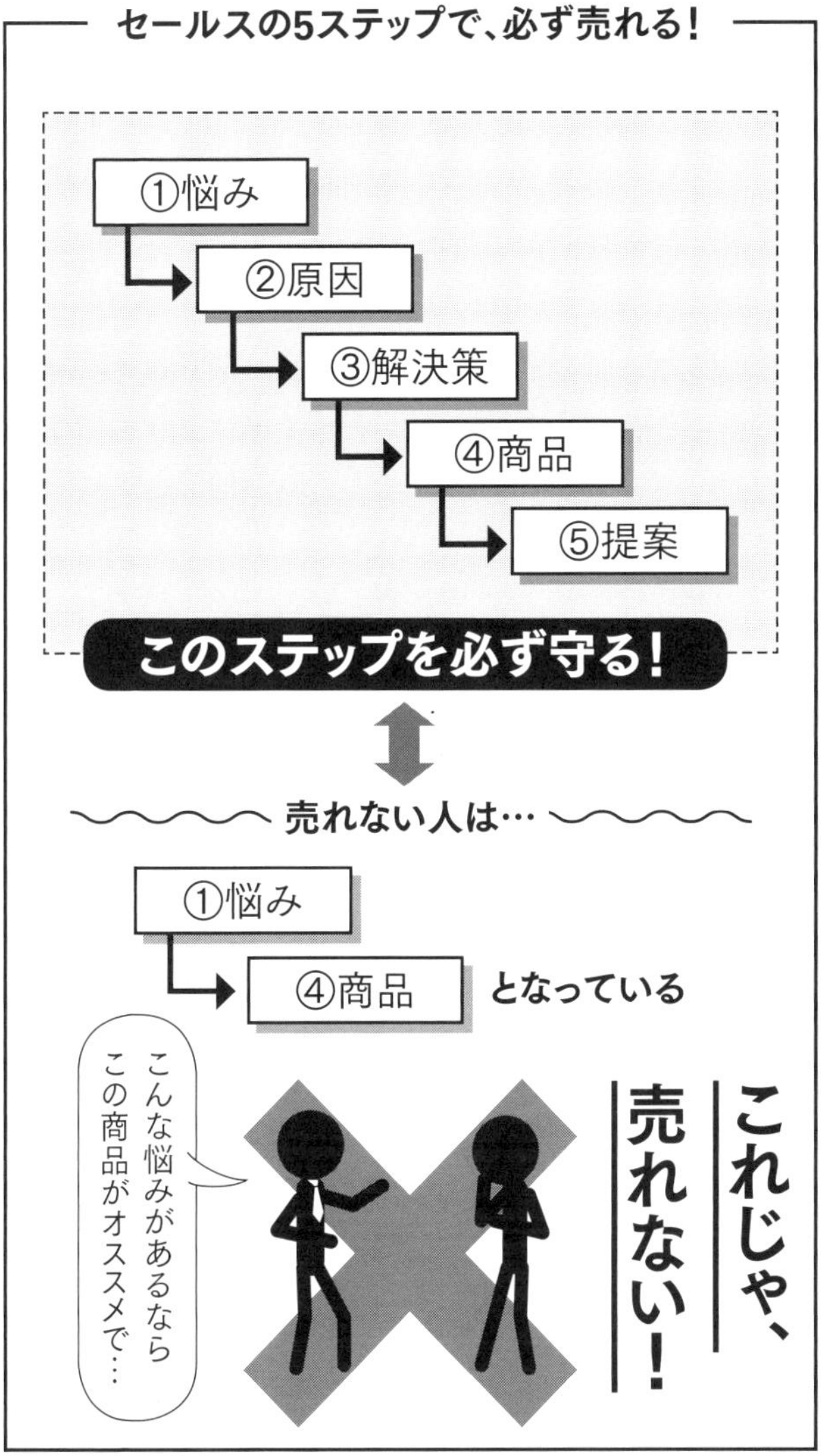
セールスの5ステップで、必ず売れる！
①悩み
②原因
③解決策
④商品
⑤提案
このステップを必ず守る！
売れない人は…
①悩み
④商品
となっている
こんな悩みがあるなら
この商品がオススメで…
これじゃ、
売れない！

このようにセールスとは、商品を単に売ることではなく、お客さまの願望を叶える上での手段であり結果論です。

だから商品に固執するのではなく、お客さまにとっての解決策が別の商品やサービスのほうが最適だと感じるのであれば、別の商品やサービスを提案すればいいだけです。

もし、そこでお金にならなかったとしても、信頼残高を増やすことができます。

あせる必要はありません。

その願望を押さえている限り、今後も売るチャンスは何度でもやってきます。

それまでは、お客さまの中での専門家であり続け、何か相談事がある際には、最初に声がかかるように、意識の中に居続けることが大切になってきます。

Chapter 4

第4の洞察

仕事術の真実

なぜ、一生懸命やっても結果が出ないのか？

「先行者利益」に振りまわされる人、そうではない人

いま、アップル社のiPhoneは日本市場において7割近くのシェアを獲得しています。

しかし、これは最初から出た成果ではありません。

スマートフォンの発売時期に関して言えば、マイクロソフトやグーグルのほうが圧倒的に早く、アップルは1年遅れてのスタートでした。

さらにスマホの定義をもう少し広げると、1990年代後半には世界企業のノキアが販売を開始していましたし、もっと言えば100年以上前にトーマス・エジソンのライバルでもあったニコラ・テスラという天才科学者がスマホを予言していました。

それまでは、それほど大きく広がることがなかったスマホですが、爆発的ヒットを生み出し世界を席巻したのは何といっても「iPhone3」です。

ここまで聞いて、おかしいと思いませんか?

ビジネスには「先行者利益」という言葉があります。

その観点からすると、あきらかな後発組のiPhoneが7割近くのシェアを取るのは、おかしいことになります。

しかし現実は、そのおかしな現象が勝利し、我々の生活に溶け込んでいます。

このことから何がわかるのかというと、「先行者利益」とは、広告代理店などがつくり出したセールストークであるということです。

■先行するということはリスクである

現実的に先行者利益を得ている人など、私は聞いたことも会ったこともありません。

これは、あなたも同じだと思います。

何かを先に手掛けている人は、あなたのまわりにどれだけいるでしょうか。

必ずしもゼロではないにしろ、ほぼ聞いたことがないはずです。

むしろ誰もやっていないことに手を出すということは、その分リスクが高まり、火傷する可能性があります。

しかし、このように「先行者利益」という言葉がつくられてしまうと、さもそういったものが本当にあるかのように感じます。

ですが、それは何かを売りつけるためにつくられた言葉でしかありません。

その証拠に、マーケティングの世界で「イノベーター理論」というものがあります。

大概の商品は、次の5つのステップで広がっていくと言われています。

- **イノベーター（革新者）：全体の2・5％**
- **アーリーアダプター（初期採用者）：全体の13・5％**
- **アーリーマジョリティ（前期追随者）：全体の34・0％**
- **レイトマジョリティ（後期追随者）：全体の34・0％**

・ラガード（遅滞者）：全体の16・0％

数字を入れて見比べるとわかるように、新しいものに手を出していくという「革新者」でもあるイノベーターは、全体の2・5％しかいません。

もちろんそのまま、その商品が市場全体に拡散し浸透することがあれば、先に手を出した2．5％のイノベーターは儲かるかもしれません。

しかし大半の商品は、市場に広がる前に消えてしまいます。

その証拠に、日経産業地域研究所が発表した「ヒット率」を示すデータによると、確率は低く、1割8分台という悲しい現実があります。

ちなみに「ヒット率」とは、大手メーカーが売り出した、直近の過去2年で計画以上に売れた比率のことを示します。

このデータ通りであれば、先行者利益どころの話ではありません。

だから、タイムマシーンでもない限り、先行者利益を得られるかどうかなど、わからないということです。

仮に、万が一の確率でヒットに出会ったとしても、時流や環境などのタイミングが合わなければ、アップルのiPhoneのように、後発組が一気に市場を支配し、王国をつくることもあります。

そうなった場合は、先行者利益を得るために手に入れた販売権利は、むしろ邪魔な存在となってしまいます。

それどころか、儲からない他社機種の独占権利がクビを絞め、それこそ儲かるiPhoneを扱うことができずに、大量の在庫と心中する羽目となります。

ですので、儲け話にふらつくのではなく、自分のビジネスをもっと深掘りすることが賢明なのです。

なぜなら、先行者利益やブームというものは水物だからです。

目標設定に踊らされる人、達成する人

多くの人は、年末年始に新年の目標を立てます。

しかし、その目標は叶うどころか、1週間もすれば忘れてしまうことがほとんどです。

これは目標設定の方法を誤解しているからです。だから、せっかく時間を取り目標を考えたところで、数日後には忘れ、時間の無駄となるのです。

ほかにも新事業に対する売上目標も、多くの企業では誤解が生じています。

たとえば、まだやってもいないことに対し、年間の売上目標を立てることです。

もちろん数字上はバカでも立てることは可能です。

しかし、それは妄想の中の数字であって、何の根拠もありません。

・初年度、年間売上目標1億円
・目標顧客数1000人（単価10万円）
・初月売上目標500万円（50人）

こういった数字はいくらでも立てることはできますが、それが叶うことはありません。

それどころか「企画会議」などといった名前だけの雑談をおこなっては、仕事した気となり、1日何もしていないにも拘らず、「がんばった俺たちに乾杯」。

これでは、立てた目標が10年後も叶うことはありません。

それどころか、会社が1年持つかどうかすらわかりません。

その予兆は営業を開始してすぐに表面化してしまうからです。

たとえば、意気揚々と営業がスタートしてみると、初月から目標を大きく下回り、実際に獲得できたお客さまは3人。しかもこの内2人は仮申し込み……ということはよく聞く話です。

そして、3ヵ月もすれば「会議をしよう」と言い出す人もいなくなり、自然消滅に。

■まずは小さくテストし、全体の流れを経験する

このような悲劇がなぜ日常的に起こってしまうのかというと、「1回も体験していないものに数字を立ててしまうから」です。

これでは机上の空論になっても仕方ありません。預言者でない限り、そんなもの誰も知りようがないからです。

しかし、1回でもキャッシュを得て、全体の流れを通し数値化することができれば、予測をすることは可能です。

そして、その流れが1回ではなく2～3回となれば、その精度はさらに増し、数字の根拠も裏付けもカチッとしたものを算出することができます。

たとえば、3000人にファックスDMを送ったら、15人が無料相談に申し込み、その

内3人から受注……ということがわかれば、各項目のパーセンテージを正確に出すことができます。

その際、規定値に満たないようであれば、改善を繰り返し、すでに規定値を満たしているようであれば、あとは広告しアプローチ数を増やすだけです。

こうすることで、売上目標を達することもできますし、それ以外にノルマに追われる生活からも解放されるようになるのです。

「今月のノルマ5人」と言われれば胃が痛くなりますが、ファックスDMを5000件送れば、0・5％の25人が無料相談に来て、その内20％の5人が成約する……といったことがわかれば、だいぶ違います。

こうなれば、「ノルマを達成するためにまずやることは、ファックスDMを5000件送ればいい」ということがわかります。

もちろん、数字が増えたり、回数を重ねることでその反応率は多少落ちますが、その間に、別の予備策を講じておけばいいことです。

時間に拘束される人、時間をあやつる人

「忙しくて時間がない」と口にする人は、例外なく収入に限界を感じています。

このような発言をする人は、時間が持つ価値に気づくことができていないからです。

「労働＝お金」という概念が頭に根づき、時間を提供することが対価となり、お金に変わるという現実を持っているのです。しかし成功者でもあるお金持ちは違います。

お金もあるが、時間もある、極論「暇ですることがない」といった状態です。

少し想像してください。

毎日、小鳥のさえずりと共に清々しい朝を迎え、メイドが入れるオーガニックのハーブ

ティーをゆっくり味わいながら、月に一度だけ送られてくる報告書を眺め、異常がないかをチェックする……そんな日々です。

ただし、いま成功している人も、最初からこんな生活をしていたわけではありません。**最初は自分の時間を切り売りし、労働を対価に換え、限られた時間の中で成功を勝ち取り、人生を変えていったのです。**

これは私自身も感じています。サラリーマン時代は労働を対価に換え、「給料」というかたちで報酬を受け取っていました。

しかし、いまは成果をお金に換えているので、時間や労力をかけずとも、安定した売上を上げることができています。というより、労力でがんばっていたときより質は向上され、より多くのお金が入ってきている印象を受けます。

なぜそのように感じるのかというと、世の中には「パーキンソンの法則」というものがあり、人は**「限られた時間の中で能力を発揮すると、パフォーマンスは最大化され、最高の結果をもたらす」**ということがわかっているからです。

だから、定時を気にしながらダラダラ過ごすサラリーマンとは違い、時間や労力をかけずともお金を得ることができるのです。

ここで大切なのは、労力を提供することではなく「結果」を提供することです。

結果さえ提供できれば、自分でおこなわずとも、自分より優秀な人に任せて達成してもいいということです。

■自分でやろうとしない

お金に嫌われる貧乏人は、自分の能力を過信し、すべて自分がやることで満足しますが、それはエゴ以外の何ものでもありません。

むしろ、自分の強みや得意なことがわかっていない、哀れで可哀想な人です。

すべてのことに対し、パーフェクトな人などこの世の中には1人もいません。

得意なこともあれば不得意なこともある。

それを把握できている人は、時間を手にしながら成功し、お金持ちになっています。

その理由はシンプルで、不得意なことはプロに任せ、得意なこと「だけ」にフォーカス

することができるからです。

だからこそ、成功者はドンドン成功し、凡人が追いつくことのできない領域へと上がっていくのです。考えてください。あなたは日々の業務に忙殺され、質の高い仕事をすることができますか？　もちろんできないでしょう。

しかし時間にもゆとりがあり、自分の得意なことだけをやるとしたらどうですか？間違いなくその質は向上され、より高いクオリティのものが完成します。さらに、そこで得たお金を使うことで不得意な業務を手放すこともできるようになります。

それを叶えるためにも、あなたがやらなくてはいけないことがあります。

それは、物事に対する考え方と捉え方を変えることです。

言い換えれば、物事の本質を見抜く力を養う必要があるのです。

そこを見過ごしている限り、一生「忙しい、時間がない」と言いながら、奴隷のような生活を覚悟しなければいけません。

これでは人生が変わることなく、自己破産を何とか切り抜け、毎月請求書に怯える日々を過ごすこととなってしまいます。

あなたの中に眠るリソースの価値を知る

時間をあやつる人になるためには、「本来の目的を明確にすること」と「あなたの中のリソースの価値を知ること」が必要です。

結局のところ、時間がない人というのは、この「リソース」という概念がありません。だから何かに取り組む際、すぐに「自分でやる」ことを選択します。

それ自体が間違いです。

あなたの時間は有限であり、時間を使うことは「命を削る行為」でもあるのです。ということは本来、無駄なことに時間を割く余裕などないはずです。

「忙しい、時間がない」と言う人は、自分の時間や命を軽視し、何かに取り組んでも何も進まず、振り返ったら何も終わっていない、やることだけが山積みとなっていた、ということの繰り返しです。

これでは、何もやらないほうがマシです。時間を無駄にするだけです。

あなたがすでに持っているリソースを見れば、そんなジレンマに拘束されることも「忙しい、時間がない」と言うこともなくなります。

そして、この概念がわかるようになれば、あなたが知らないところで目的を達成し、あなたは時間だけでなく、お金や自由を手に入れることができるのです。

そのためにも、「いま自分が持っているリソースは何なのか？」ということを把握する必要があります。

そこでいくつか例として項目をあげます。

「時間」「知識」「経験」「実績」「信頼」「スキル」「人脈」「お金」「人材」「商品」

あくまで一般的なもので誰もがわかりやすいものとなりますが、このリソースの量と価値の高さが、あなたの人生を決めるといっても過言ではありません。

これを見て「価値の高さとは何？」と疑問を持つ人も多いかも知れませんが、これらそれぞれのリソースは均一ではないということです。

たとえば「お金」はこの中で比べた場合、価値がもっとも低い存在となります。

なぜなら、お金はいつでも稼ぐことができるからです。

しかし、一度過ぎ去った「時間」は取り戻すことができません。

ということは、「時間」＞「お金」ということになります。

それ以外にも、「信頼」もお金で買うことはできません。

ということは、「信頼」＞「お金」ということになります。

お金に嫌われる人は、お金が一番だと思い込み、下世話な話をしては、「お金」「お金」「お金」となります。だからお金が背を向け逃げていくのです。

お金というのは、数あるリソースの中でも価値の低い存在です。これがわかるようになると、お金を得ることがいかに簡単かということがわかります。なぜならお金より価値の高いものを差し出せば、お金を手に入れることができるからです。

しかし多くの人は、お金を交換してもらえないと悩みます。

その原因は簡単で、相手にとって価値の低い、もしくは価値がないものを差し出すようなことをするからです。

あなたが今後お金持ちになりたいと願うのであれば、まずは相手が感じる価値を知り、このリソースが持つ価値の高さにも着目する必要があるということです。

それさえできれば、あなたは時間に追われることなく、別の価値と交換することで、自由とお金を手にすることができるようになるのです。

■自分がどんなリソースを持っているか把握する

その第一歩が、いま自分がどんなリソースを持っているかを把握することです。

その上で、不要なものは切り捨て、自分以外でも実践できるものは誰かに任せることが、時間を手にする分かれ道となります。

その際のコツは、できるだけ分業し、細分化することです。

小さくなればなるほど、請け負う人の負担やミスも軽減することができます。

その結果、自分の使える時間を確保することができ、最終的には時間までもあやつることができるようになります。

しかし、いまパンパンの状態であれば、どうすることもできません。

これでは新しいことへのチャレンジどころではありません。

だから、誰にでもできる小さな項目を切り離し、余力をつくることが大切になってくるのです。余力をつくることができれば、新しいことにもチャレンジすることができます。

ポイントは、「余力で構わない」ということです。

時間がないという人は、「重要」や「優先」といった言葉に翻弄され、日々の業務に忙殺されますが、切り捨てる勇気も必要です。

24時間365日「暇で何もすることがない」という人などいません。

大抵の人は時間に追われ、その限られた時間の中でやりくりし、新しいことにチャレンジする人生を生きています。ということは、新しいことにチャレンジするには、何よりも「余力」を生み出すことが先決だということです。

それを踏まえた上で次に意識することは、必要な知識、経験、スキルです。

新しいことをやってもうまくいかないと嘆《なげ》く人は、この部分がスッカリ抜け落ちています。これでは、新しいことをやってもうまくいかなくて当然です。

これは、あなたが本業で生み出しているお金のことを考えれば、理解できるはずです。

あなたがこれまで長い年月をかけ知識や経験、スキルを磨き、日々奮闘した汗と涙の結晶が、いまのお金に換わっているはずです。ということは、同じような売上、もしくは、それ以上に稼ぐ場合、片手間でちょっとやってお金が入ることなどないのです。

しかし、すぐにあきらめてしまう人は違います。

1ヵ月やっては「自分には合わない」「無理だった」と投げ出し、また自分に合うであろうほかのものを探す旅に出てしまいます。こんなことを繰り返していたら、いつまで経っても新しいことが自分のものになることなどありません。

そうではなく、新しいことは余力で始め、知識、経験、スキルを得るには最低限の時間がかかることを覚悟しなければいけないのです。

その際のベストな配分は、「本業に8割」「新たな挑戦に2割」で考えておくことです。

このように言うと、もっと新しいことに時間を使い、一日も早く確立させたいと言う人がいますが、時間とお金を失う覚悟がない限り、自滅するだけです。

新しい取り組みというのは未知数であるため、必ずしも成果につながる保証はどこにもないからです。

しかし2割であれば大きな支障を与えることはありません。

本業という安定がある状態で、新たな柱を構築することができれば、簡単に傾くことも倒れることもないからです。

「時間がない」と言い訳する人は、この考え方がないため、常に「忙しい」を連発し、忙しい自分に酔う傾向があります。

時間は「命」です。

もっと大切なことに使ってください。

これがわかるようになれば、新しいことを無尽蔵に確立させ、新たな未来を築くことができるようになります。

部下を戦士に変える方法

世の中には、人を使うのが上手な人と、そうでない人がいます。

こう言うと、「自分はコミュニケーションが下手だからな」と言う人がいますが、そうではありません。

もちろん、コミュニケーションは、下手より上手なほうが有利です。

しかしそれ以上に大切なのは、そこに「人を動かす要素」があるかどうかです。

「結局、人はお金で動く」と思う人もいるかもしれませんが、それが一番の間違いです。

お金というものは、使い方を間違えると相手の未来を閉ざし、破滅に追いやることがあります。実際に「社員の給料を上げた瞬間、サボるようになりました」というような経営者は多く、お金によって消えていく経営者はあとを絶ちません。

お金で人を動かすことは簡単です。バカでも考えることができます。

しかし、そういう人は、最後はお金が原因で自滅します。

なぜならバカの上にはバカがいて、金額を積み上げ、競り合う人が必ず出るからです。

これでは人件費がビジネスを圧迫し、最後はクビが回らなくなります。

ただ、これは経営者だけが悲劇を迎えるのではありません。お金を受け取るほうにも悲劇が襲い掛かります。

その理由は簡単で、お金で解決してしまったことで、自分の中にあるタガが外れると、「もっと、もっと」と欲を出すようになるからです。

この罠に一度でもハマった人は、そう簡単には抜け出すことができません。

自分の中に明確な基準があるうちは理性が働き制御することができますが、お金で解決を試みたバカな経営者が、その人の人生を「お金でしか判断することができないもの」へと変身させてしまうからです。

だから一度お金で動いた人間は、「もっともっと」を止めることができず、高待遇の会社へと転職を繰り返す人生を歩むことになるのです。

もちろん人それぞれの価値観なので、これがいけないというわけではありません。どちらでもいいわけです。しかし前述したように、お金とは価値の中では低い存在なので、お金を追ってしまうと、最終的に人生において無価値感に襲われる羽目となります。

一方、お金ではない要素に気づいた人間は、情熱とパワーが違います。

率先して仕事をするようにもなりますし、指示を与えなくとも、自分から考えて動くようにもなります。

さらに言えば、給料を払わずとも自ら率先し、寝ずに働くようにもなります。

「え？　給料を払わずとも……って、どういうこと？」と驚く人も多いかもしれませんが、人を動かす要素さえ理解することができれば、ブラック企業と悪態をつかれることなく、このような強者の戦士を生み出すことが可能です。

では、人を動かす要素がお金ではないとすれば、一体何が人を動かす原動力となるのか？

それは、「相手が感じる価値」です。

詳しく解説していきます。

人が持つ価値とは、お金以外にもたくさんあります。

とくに男性は、「役職」という価値には異常なまでのパッションを持つ人が多く、給料が下がったとしても、役職を選択するケースはよくあることです。

その典型例として、課長になったら主任のときより給料が下がった、というのはよく聞く話です。それでも人が役職に拘る理由は、「認められたい」という欲求の表れが、目先のお金を押しのけ、役職を優先させてしまうからです。

これを心理学では、「自己承認欲求」と言います。

人は「認められたい」という欲求の中、生きています。

もちろん、その欲求の度合いや範囲は人それぞれ異なりますが、確実に言えることは、見えない上下関係によって世の中は成り立っているということです。

役職は、見えない上下関係を見える化するツールとしては、便利です。

しかし、それはコミュニティー枠の中でしか効果を発揮しません。

たとえば、社内や仕事に関係する人の中であれば、部長や課長という役職は力となりますが、これは家庭や趣味のつき合いの中では、1円の価値にもなりません。それどころか、犬が主人を格下に見ることもあるぐらいです。

しかし、そんな役職であっても、人は認められたいという承認欲求を持っているため、仮に給料が下がろうがボーナスを減らされようが、選んでしまうのです。

なぜなら、そこにはお金では買えないステータスや、エゴを満たすまわりの気遣いが付加されるからです。

そのほかにも、お金以上の価値はあります。

それは、「責任ある立場を任せる」というものです。

会社でいえば、企画やプロジェクトの責任者を託すというものです。

この場合、プロジェクトリーダーなどの肩書きがつくケースがありますが、肩書き以上に、その人が受けとる価値というのは、これまでの評価であり、がんばりです。

そして、その価値を与えることで、「この任された企画を何としても成功させたい」という責任感と、期待を裏切ることのできない正義感が入り混じり、寝ずにがんばる戦士を生み出すこととなります。

■相手が感じる価値は、聞いて確かめろ

ではどうすれば、相手の価値を知ることができるのか?

答えは簡単で、「直接、聞くこと」です。

いくらあなたが考えても時間の無駄です。

なぜなら感じる価値は人それぞれだからです。

しかし聞けば教えてくれます。もちろん、その価値が本当のものなのかは、いろいろな角度で質問を投げかけ、その本質を見極める必要はあるかもしれません。

それでも、当てにならないあなたの意見を押し通すよりは100倍マシです。

だから考えるのではなく聞くことです。そうすれば外すことはありません。

ただし、この相手の価値を知ったところで、価値の伝達方法を違えてしまうと、効果はゼロとなります。これではせっかく相手の価値を聞いても無駄となります。

そうならないためにも、相手が感じている価値を理解し、正しく届ける必要があります。

ポイントは、「本人にとってのメリットとしてどう見せるか」ということです。

このままだとイメージしにくいと思いますので、事例をもとにお話ししていきます。

たとえば、営業の人間がやる気を失い、会社も休みがちでサボっていたとします。

そんな彼に将来の夢や目標を聞くと、「起業したい」ということだったとします。

これをどのように変換し、彼が感じるメリットとして伝えればいいのかというと、「将来起業したいのであれば、会社の看板を使って人脈を今のうちに広げたほうがいい」と伝えればいいのです。

こうすると、会社のメリットではなく本人のメリットに転化させることができますし、他人事ではなく、自分のメリットとして解釈することができるので、サボるという気持ちを脳から追い出し、エネルギーに変えることができるからです。

ただし、これだけではまだ足りません。

これではまだ相手のやる気に火をつけ、スタートラインに立たせたにすぎないからです。

そこでここからは、さらに人のやる気にアクセスし、超人に変身させる驚異的なメソッドをお届けしていきます。

人を動かす「4つの学習タイプ」

人を動かす「4つの学習タイプ」というものがあります。

多くの人は、このようなタイプを知ることなく、ただ「やれ」と命令します。

それが会社や上司からの命令であっても、なぜそれをやらなくてはいけないのか、それをやることで何に役立つのかがわからなければ動けないという人もいます。

これはタイプにより異なるわけですが、逆にすべての要素を事前に入れ込んで話すことで、大半の人の心に響くようにカバーすることができるということです。

それが、この4つの学習タイプの特徴です。

では、ひとつずつ解説を加えながら見ていきます。

① なぜタイプ（全体の36％がこのタイプ）

このタイプの人は、感情を重視して生きています。「なぜ」を知りたがり、その根源が自分の中で咀嚼《そしゃく》することができないと、無関心となり放置してしまうこともあります。

② 何タイプ（全体の33％がこのタイプ）

このタイプは、理屈や証拠を重視し、根拠がないものを信じることができません。公的機関が正式に発表している情報や、裏付けある学会での発表が行動に影響を与えます。

③ どうやってタイプ（全体の17％がこのタイプ）

このタイプは、ステップバイステップで教えないと行動することができません。テンプレートがあると理解しやすく、行動する際の促進剤になります。

④　いますぐタイプ（全体の12％がこのタイプ）

このタイプは本能で生きているため、そのほかの項目などどうでもよく、「四の五の言わず、黙ってやる」というような人たちが該当します。

残りの2％は、「回答なし」ということなので、気にする必要はありませんが、大切なのは、この98％の人をどのように扱い行動させるかということです。

数値を見てわかるように、①「なぜタイプ」と②「何タイプ」を合わせると69％に及びます。つまり多くの人は「やれ」と言っただけでは行動に移すことはできないということです。

むしろ、それだけで嫌いになるという人もいます。

なぜなら、本人の能力の問題だけではなく、教える側にも問題があるからです。

ためしに学校で教えられている授業を、今回のタイプに当てはめて見れば一目瞭然です。

③「どうやってタイプ」と④「いますぐタイプ」しか対応していないことがわかります。

たとえば国語の授業で「起承転結」を用いながら作文を書くとします。

その際、学校では、

「今日は作文を書く練習をする。みんないいか?」

すると、生徒の、

「えー面倒くさい、やりたくない」

といった不平不満が教室にこだまします。

しかし、先生はそんなことおかまいなしで、こう続けます。

「作文を上手に書く際にはコツがあり、起承転結という公式に基づき書くことだ」

といった具合です。

そして、生徒の嫌がる顔など完全無視で、起承転結について解説したあと、

「よしわかったな。じゃあやってみよう」

と強引に進めてしまいます。

この事例を見て、③「どうやってタイプ」と④「いますぐタイプ」しかないことがわかっていただけたと思います。

さらに、テーマも曖昧《あいまい》で、生徒の価値観に委ねる傾向があります。

これで書けというのは大人でも難しいでしょう。だから大半の子どもは、作文が嫌いに

なり、「文章を書くのは苦手」と間違った解釈をするようになってしまうのです。

これでは子どもの未来を、学校教育が摘んでしまうこととなります。

しかし今回の「人を動かす4つの学習タイプ」を意識しながら教えると、生徒は喜び、目を輝かせた状態で作文に取り組むことができます。

■ 4つの学習タイプを使ってトークする

(先生)今日の国語の授業は、作文について学んでいきます。

(生徒)えー嫌だよ。文章なんてダサいし。

【理由 なぜ】

(先生)そうか。じゃあ仕方ない。では授業をする前に君たちに聞きたいことがある。

この中で、好きな子がいる人、誰かいるか?

恥ずかしければ心の中で手を挙げてもいいぞ。顔を赤らめたってことは、いるな。

じゃあ、もうひとつ聞く。

もし、その子に対して、シャイな君たちでも相手をキュンとさせ、振り向かせる方法があるとしたら聞きたいか？

（生徒）聞きたい！　教えて！

（先生）それは手紙だ。しかもただの手紙じゃないぞ。

相手を一瞬で惚れさせるラブレターだ。

（生徒）え？　マジで。

【証拠　何】

（先生）そんなに疑うのか？　じゃあ証拠を見せようか。それはウチの奥さんだ。

（生徒）嘘つけー。ゴリラ顔の先生には無理だろ。

（先生）本当だよ。俺はこの顔で、しかも生徒の前ではこんな感じで威張っているけど、
女性の前では非常にシャイで地蔵のように固まり、話すことができないんだ。

だからラブレターを書き、告白したんだ。

その結果、無事付き合うことができ、結婚することもできたぞ。

（生徒）でもいまの時代、告白するならメールかラインだろ。手紙なんてダセーよ。

（先生）まだ甘いな君たち。

メールなんて所詮、キーボードで打った文字の羅列にすぎない。

しかし手紙は、文字から相手の印象や優しさが滲み出るものだ。

だから手紙なんだ。


（生徒）そういうものかなー。

でも俺、文章とか下手だし、何書いていいかもわからないから、ダメだわ。


（先生）大丈夫だ。安心しろ。

今回は、手紙でもメールでもラインでも、相手の心を鷲掴みにし、一瞬で惚れさせるラブレターの書き方を伝授する。

しかも文章が下手な君たちであっても、いまから話す４つのフォーマットに当てはめ、穴埋めしていくだけで完成してしまう魔法のテンプレートだ。

どうだ？　聞きたいか？

（生徒）聞きたい！　教えてくれー

（先生）ＯＫ。じゃいまから文章には欠かせない「起承転結」について話していく。

準備はいいか？

（生徒）ＯＫ。盛り上がってきたー。

【手順　どうやって】

（先生）君たち「起承転結」ってはじめて聞くと思うから、軽く説明するな。

まずは起承転結の「起」は……次に「承」は……意外に簡単だろ。

ただ、まだわからないという人もいると思うから、例文を入れながら一緒にやっていく。どうだ、これでもう完璧だろ。

【実行　いますぐ】

（先生）ＯＫ。じゃあ、やってみようか。

いかがでしょうか？

先ほどの「どうやって」と「いますぐ」しかないものに比べ、情景が浮かんだと思います。

それ以上に、「なぜ」と「何」が入ったことで、作文を書く理由が明確になり、生徒たちのやる気につながっていったのがわかったと思います。

4つの学習タイプを知る

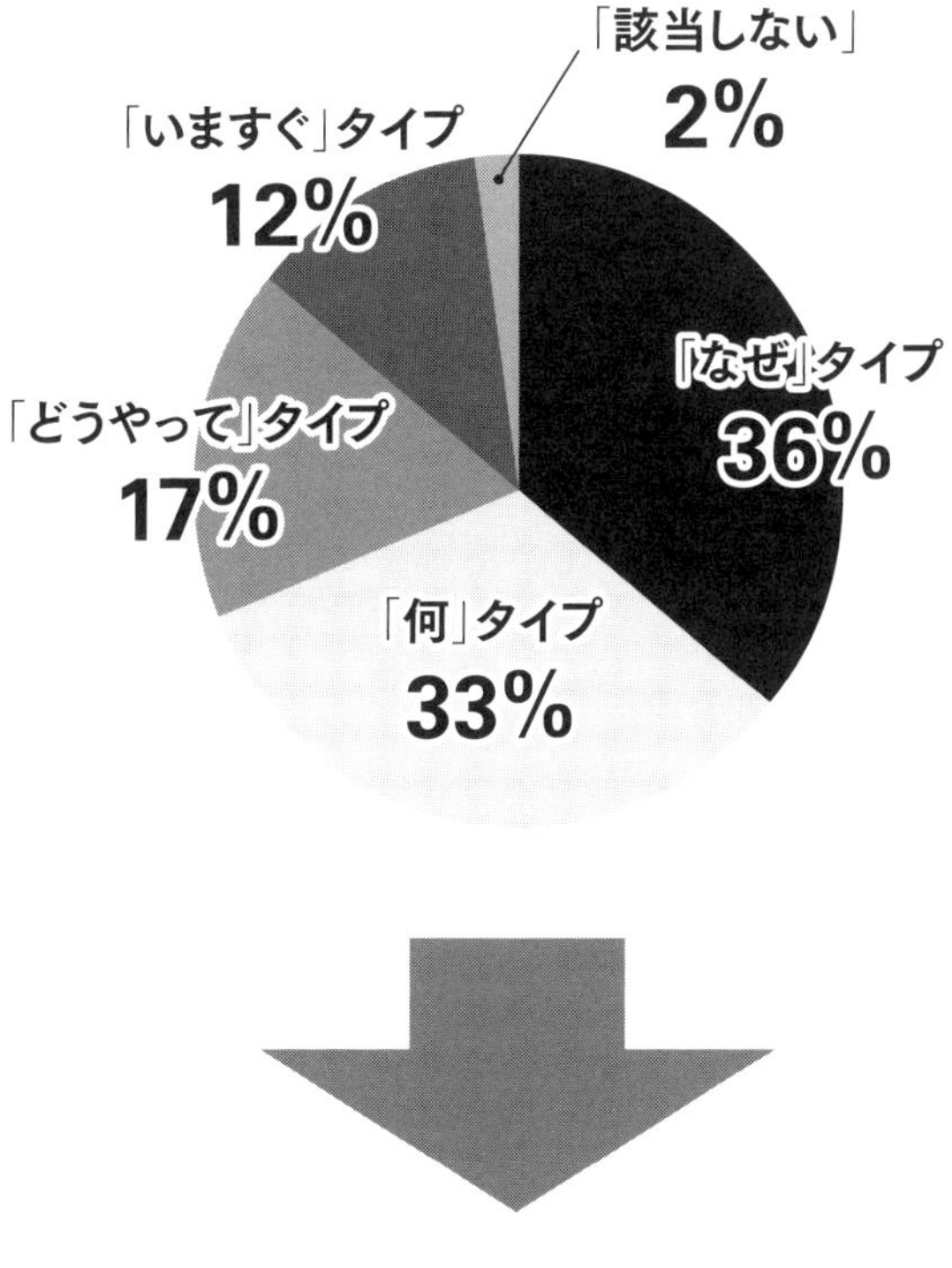

すべてのタイプを網羅した話し方を覚えよう!

これは、あくまで参考例ではありますが、このように「なぜ」「何」「どうやって」「いますぐ」といった4つの学習タイプを意識しながら話すと、相手の魂に火を灯し、戦士に変えることができるようになるということです。

ですので、人が上手に使えないと頭を抱えている人は、この項目を何度も振り返りながら実践の場に落とし込み応用しながら使ってみてください。

きっと相手の反応はガラリと変わり、戦士を生み出すマスターになること、間違いなしです。

Chapter 5

第5の洞察

人の感情の真実

なぜ、不安から脱却できないのか？

不安を脳から追い出せ

人は、不安を抱える生き物です。これはあなたが臆病者だからということではなく、我々の遺伝子の性質なので仕方のないことです。

我々の祖先は太古の昔、マンモスやライオンに怯える生活が日常的でした。現代は、マンモスが街を歩くこともライオンにお尻を噛まれることもありません。

そのため、毎日が安全だと逆に遺伝子は騒ぎ出し、「何か嫌なことが起きる」とありもしない悪い想像を膨らまし、ビクビク怯える生活を余儀なくされることになるのです。

しかし、それは幻想であり、大半は怖いことなど何も起きません。

ただ、現実問題として怯える自分がいるのは確かで、その弱虫を撃退しない限り、明るい未来を手にすることはできません。そこで、不安から脱却するためにも、遺伝子に左右されない撃退法をマスターする必要があるわけですが、その答えは簡単です。

それは、「暇にしないこと」です。

先に予定をガンガン入れてしまうことで、暇な時間を強制排除するのです。

あなたも経験があると思いますが、予定がパンパンで忙しいときは、それどころではなく、不安など入り込む余地などありません。

あまりの忙しさに、ほかのことを考える余裕すらないからです。ということは、事前に予定を入れ忙しくすることで、不安にスペースを奪われなければいいということです。

それでもまだ不安が襲い掛かるというのであれば、脳内ホルモンの「ドーパミン」を分泌させることです。セロトニンがブレーキだとしたら、ドーパミンはアクセルです。

アクセルを強めることで、マイナス感情をプラスに持って行くのです。

それを簡単に叶えるもっともお勧めの方法は、**「掃除をする」**ことです。

理由は、2つあります。

① 身体を動かすことでドーパミンを分泌する

② 掃除をすることで脳が整理される

それぞれ解説していきます。

① 身体を動かすことでドーパミンを分泌する

身体を動かすとドーパミンは分泌され、不安を脳から追い出すことができます。

そのため成功者はジムに通ったり、ジョギングをするわけですが、習慣にないことを無理にしようとすると、現実が変わる前に3日坊主で終わり、挫折することになります。

なので、継続できるかわからないものに意気込むのではなく、家の中で気軽にできる「掃除」がお勧めなのです。

掃除であれば天気の悪い雨の日でも気軽に取り組むこともできますし「習慣を変える」ことも容易にできます。習慣を変えるということは最低3週間かかり、たとえば40度の高熱があってもできるレベルにまでならないと、習慣化はされないからです。

② 掃除をすることで脳が整理される

脳は非常に高性能にできているため、チリひとつ落ちていても集中を奪われてしまいます。部屋だけでなく、テーブルの上に物があっても集中力は奪われ、パフォーマンスを下げる原因となりますので、こまめに掃除をしましょう。

見落としがちなのは、パソコンのデスクトップです。

こちらも同様に目に不要なアイコンが飛び込んでくることで、集中を奪う原因となります。不要なアイコンはできるだけ排除することが、最高のパフォーマンスを引き出すきっかけとなるのです。

■ お金の不安を消す

それ以外に、不安というのは、お金に関するものもあります。

我々は子どものときのお小遣いや、サラリーマンの給与体系など、「お金は毎月固定額が入るもの」という常識と習慣を持っています。

とくに起業した場合は、その固定額が急にゼロになってしまうため、理屈ではわかっていたとしても、脳や感情がついて行くことができないのです。

その結果、「このままお金が入らなかったらどうしよう」という不安が襲い掛かり、動くことができなくなります。これではやりたいことも思うようにできません。

では、どうしたらその不安を解消し、活躍していくことができるのか？

それは、2つの報酬体系を組み合わせてビジネスを設計することです。

サラリーマンなら、「月給」と「ボーナス」の2つの合計額で年収は決まります。

それと同じような報酬体系を組み込むことはできないのか、と考えればいいのです。

ひとつの例としては、継続課金ビジネスを販売し、月給代わりにするということです。

こうすることで、その金額が仮に安いものであっても、「ゼロではない」という安心が心の支えになってくれます。

次に、ボーナスに関しても同じです。キャンペーンを仕掛けることで一時的に売上を上げることは可能です。それをボーナスとして受け取ればいいのです。

ただ、その際注意もあります。

アイデアを出したり企画を考えたりすることは誰でもできます。

しかし、それがお金になるかは別問題だということです。

ではどうしたら、それをビジネスに変え、お金にすることができるのか。

それは「売上ではなく、反応率を見ること」です。

たとえば、100人にアプローチして3人が買ってくれたとします。

この場合の反応率は3%です。

この成約率を出すことができれば、次にやるべきことは「お金」そのものを見るのではなく、集客する人数にフォーカスすることです。

そうすることでノルマに追われることなく、最初の100人を増やせば、おのずと金額も比例することがわかります。だから売上以上に反応率を見ることは大切なのです。

売上には上限がありません。3000万円より5000万円。5000万円より1億円。1億円より3億円。「もっと、もっと」という気持ちが働き、売上が増えたからといって不安がなくなることはありません。

それどころか、売上が大きくなればなるほど、経費や税金も比例し増えていくので、途中で抜け出すことができなくなってしまいます。

しかし、反応率を見ると、違います。

まだ具体化されていない分、希望が不安を押し出してくれます。

「この施策が形になったら、どんな未来が待っているのか」

「この企画が完成したら、いまの生活を抜け出しステージを上げることができる」

このような感じです。

人は夢を追っているときは、現状がどんなに悲惨であっても走ることができます。

しかし夢を見失っているときは、その余裕すら感じることができません。

だから、不安がここぞとばかりに襲い掛かり、脳を侵食してしまうのです。

こうなったら、未来を描くことはできません。

なので、ビジネスを成功させたければ、アクセルだけに目を向けるのではなく、ブレーキにも目を向け見直す必要があるのです。

そうすることで、あなたを止めているサイドブレーキは解除され、思いっきりアクセルを踏み込むことができるようになります。

稼ぐことに対するメンタルブロックの外し方

世の中には、お金を稼ぐことに抵抗を感じる人がいます。

その典型例が、安い価格でしか売れない人たちです。

考えてください。

競合他社を含めた全員が3000～5000万円の住宅を販売しているとします。

そんな中、自分だけは怖いからといって「庭付き戸建てを480万円」で販売したら、お客さまはどう感じるでしょうか。

おそらく大半の人は、「安い!　よかったお買い得!」と感じることはなく、「何かこの家は問題がある?」と勘ぐることになります。

ありもしない悪い想像を働かせ「家の下に墓でも埋まっているのではないか?」というような心配を与えかねません。

では、なぜそのようなマイナスの発想をしてしまうのでしょうか?

まわりと比べても明らかに安いということは、「何か問題や欠点などがあるはず」と、悪い思い込みで見ることになるからです。

だから、自信がないからといって価格を安くしてはいけないのです。

これは家に限ったことではありません。

その他業種業態も基本同じです。

とはいえ価格決めをする際、「何を基準に注意すればいいのか?」という人も多いと思いますので、いまから価格を決める際の大切な2つの視点をお伝えしていきます。

■ 2つの視点を持つことで、メンタルブロックは外れる

1つめは、「感情を入れてはいけない」ということです。


業界や市場には相場というものがあります。

そんな中、あなた1人だけが安い金額を提示していたら、相手に不安を与えかねません。

だから「経験がない」「不安だから」といって、大幅に相場を崩すようなことはしてはいけないのです。


2つめは、商品ではなく「先にある相手が望む結果」にフォーカスすることです。


何度も言っていますが、ここに焦点を置くことができれば、安い価格はむしろ相手にとっての失礼に当たるということが理解できるはずです。なぜなら、それはお客さまの願望に対する金額であり、痛みについての金額でもあるからです。

たとえば、「あなたの夢は300円です」と言われたら、どう感じるでしょうか。

間違いなく、あなたは眉間にシワを寄せ、「バカにするな。私の夢はそんなに安くない」と大声で怒るはずです。

多くの人は、「安い金額＝自分の夢をバカにされた」と感じてしまうからです。

だから、悪い印象を与えるような安い金額はむしろマイナスであり、失礼にあたるのです。価格に対して臆病な人は視野が狭く、商品しか見えていないため、価格をつけるのは悪いことだと錯覚してしまうのですが、これは夢だけに限ったことではなく、痛みに関しても同じことが言えます。

たとえば、あなたのお子さんが事故に遭い、危篤状態になったとします。いますぐ車で病院に行かなければ、死んでしまうほどの大惨事です。

そんなとき、「閉院セール。1万円で何でも手術を請け負います」と書かれた看板に魅力を感じるでしょうか？

おそらく、そんな看板は無視して真っ先に近くの大きな病院に連れて行くはずです。

なぜなら、その先にある願望や痛みが明確で、何としても解決したい問題があるからです。

このことからもわかるように、相手は商品に対してお金を払っているわけではなく、その先にある結果に対してお金を払っているということです。

だから、怖いからといって、気やすく金額に手をつけてはいけないのです。

逆境やピンチのときの対処法

いま、どんなに成功している人であっても、苦難や障害を乗り越え、成功を勝ち取っています。最初から順風満帆《じゅんぷうまんぱん》に成功していたということはありません。

しかし成功とは縁のない貧乏人は、「マイナス思考はダメだ」とか「ポジティブシンキング」などといったトラップワードで、障害自体を回避できないかと考えるわけです。

我々はロボットではないので、気分が落ち込むことだってあります。何をどう足掻《あが》いたところで来るものは来るし、避けることができないものも当然あります。

そんなとき大切なのは、「悪いことを考えない」ということではなく、短期的にはネガ

ティブに、長期的にはポジティブに考えることです。

なぜなら、物事はひとつであっても解釈は無限に存在しているからです。

一見悪いと思えることであっても、見方を変えれば、未来を築く最高なアイデアを生む可能性すらあるということです。

そのためネガティブにフタをするのではなく、バックアッププランを考える際の原動力に変えることが大切になってくるのです。ここが成功者と貧乏人の違いです。

成功者は、「ネガティブ要素は人間である以上、必ず訪れるもの」と捉え、バックアッププランの原動力に変えます。

一方、貧乏人は、嫌なことを見ずに、ひたすら願えばトラブルは来ないものと考えます。

トラブルがないという人など、この世の中、1人もいません。

無人島で暮らしている人であっても、石につまずき、膝を擦りむくことだってありますし、世界で活躍する大富豪であっても、手グセの悪いメイドに貴金属を盗まれることも、凶悪なテロリストに命を狙われることもあるのです。

このように、問題の規模や大きさは人それぞれ違えども、まったくないという人はいません。生きていれば必ず、何らかの問題やトラブルはやってきます。

だから、フタをすることはそもそもできないのです。

そうではなく、起きることを前提にバックアッププランを考えることが大切なのです。

なぜなら、トラブルや障害というのは、起きてから対処法を考えていては間に合わないことが往々にしてあるからです。

だから急な障害に対してもすぐ対処できるための策を常に考え、講じておく必要があるのです。これが短期的にはネガティブに考えるということです。

■「どうしたら解決できるか」をログセにする

そして、もうひとつは長期的にはポジティブでいることです。ここを間違えると、人生がすべて闇となり、いいアイデアを創造することができなくなります。

長期的なポジティブを叶えるには、「どうしたら解決できるのか」と呪文のように自問自答することです。

うまくいかない人は、「なんで……」と考えてしまうため、障害が起きた原因に頭を抱える羽目となりますが、それは時間の無駄です。

そうではなくて、大切なのは、その起きている障害をどう乗り越え解決するかです。

このように言うと、「原因が特定できなければ、解決策を見出すことなどできない」と言う人がたまにいますが、それが間違いです。

問題が起きている「箇所」と「発生原因」はそもそも違います。

さらに言えば、その打開策や解決法もそれぞれ違うのです。

たとえば、水道管から水が漏れているとします。

この場合、漏れを発生している原因を特定したところで、亀裂箇所がわかるだけです。

これでは対症療法はできたとしても、根本的な問題を解決したことにはなりません。

なぜなら漏れている箇所というのは、その問題を発生した根本的原因ではないからです。

だから、「なんで」を追求したところで迷走に陥り、不甲斐ない自分に落ち込むことになるのです。

「自分は『なんで』ダメなんだ」と質問したところで、自分のダメなところがわかるだけで、解決策につなげることができません。そうではなく「どうしたら、この問題を解決することができるのか？」と自分に質問すれば、解決策を導き出すことができます。

なぜなら脳は、インターネットの検索エンジンと同じで、質問したことの回答を最適に導き出してくれる存在でもあるからです。

だから最適な答えに出会いたければ、最適な質問を投げかける必要があるのです。

ただ人間の脳は、検索エンジンと同じで、脳の中に知識が貯蔵されていなければ、いくら最適な質問をしたところで、「一致する情報は見つかりませんでした」と返されます。

そうなった場合は、すでに解決策が頭の中にある人に聞くのが一番です。

問題が起きているときというのは、知識をつけている時間的余裕がありません。

だから日頃から知識をつけ、多くのことに関心を持ち経験することが大切なのです。

それが人間の視野を広げ、最終的には器の大きさにもつながってくるからです。

だから、これからは「なんで」と自問するのではなく、「どうしたら」を使うようにしてください。

「自信がない」を完全克服する秘策

多くの人は、「自信がない」と言います。

よほどのバカでない限り、最初から「自信がある」という人などいません。

いま、どんなに成功している人であっても、最初の1人のお客さまがいて、見えない恐怖の中、3人、5人、10人、100人と増やしていくことで、自信をつけたにすぎません。

しかしビジネスがうまくいかない人はというと、事業計画書の数字だけで、いきなり初月1000人というような妄想で大口を叩きます。

残念ながら、それは実現されるどころか、3ヵ月も経たないうちに資金がショートし、解散するといったことはめずらしいことではありません。

ではどうしたら、その恐怖に立ち向かい自信をつけることができるのか？

それは、自信の意味を分解し理解することです。

自信とは、「自」分を「信」じると書きます。ということは、自分を信じることができれば、自信は勝手につくということです。

「それができれば苦労しないよ」とあなたは言うかもしれませんが、小さな成功体験の数が、私たちの自信となり、勇気を与えてくれます。

ここでのポイントは2つ。


「小さな成功体験」と「数」です。


未体験のことに対し、上手にできる器用な人ばかりではありません。

その大半は、失敗を何度も繰り返し、少しずつ上手になっていきます。

いわゆる「量が質を向上させる」と言われるものです。

ただし、ここで見過ごしてはいけないことは、「ひとつめに大きなことは狙わない」ということです。

なぜなら、ひとつめというのは、今後の指標となり印象付けるものだからです。

少し想像してください。

いきなりデビュー戦で500万円の赤字を出してしまったら、その後あなたは、その事業に対し広告を打つことはできますか？

私であれば、1回目でそんな赤字を出してしまったら、怖くて続けることはできません。

これは、あなたも同じはずです。

誰だって赤字は出したくないものですし、ましてや1回目の赤字など考えることができません。一気に希望が闇に包まれ、地獄から暗黒の空を見上げるようなものだからです。

これではビジネスがつらいだけのものとなります。

だから1回目は、絶対失敗してはいけないのです。

では、どうすれば、やったこともない取り組みに対し、失敗せずに目標を達成できるのかというと、できるだけ広告費などをかけずに、まずは「小さくおこなうこと」です。

そこで1000円でも稼ぐことができれば、小さな成功体験となり勇気に変えることができます。

しかし事業計画書を基準に考えている人は、この当たり前のことが理解できません。

だから気づいたら目の前の1人にすら売れず、破産する羽目となるのです。

このように言うと、「個人がおこなう小さな規模の話でしょ」と言う人がいますが、規模は関係ありません。大きな規模であっても、最初の1人が受け入れないものを大勢に売ることはできないのです。


ビジネスは、どんな規模であれ、1人に売れてすべてがスタートします。

それまではビジネスとは呼びません。


たまに商品開発や企画会議などをおこなっていると、仕事をしているように錯覚する人がいますが、1円すらまだ生んでいないものは、ただのお茶会であり雑談です。

なぜなら、実際に販売してみないことには、受け入れられる保証など、どこにもないからです。

しかし1人が買えば、同じような考えをしている人は必ずいます。

だからビジネスに自信をつけるためにも、机上の空論ではなく、1人に集中することが大切になってくるのです。

■自信は次の勇気に変わる

そのほかにも、自信をつけるメリットはあります。

それは、「自信が増えると、勇気に変わる」ということです。

経験を積むことで、過去の統計データを知ることができます。これは言い換えれば、「自分の成功パターンを知ることができる」ということです。

そうなれば、未来をある程度経験値の中で予測することができるため、大きな取り組みにもチャレンジすることができるようになります。

ここまできたら、誰もあなたを止めることはできません。

これまでの経験やスキルがあなたに自信を与え、勇気ある戦士となるからです。

だから最初から何の根拠もなく大きなことを狙うのではなく、小さくてもいいので確実な黒字を出し、小さな成功体験の数を増やすことです。

そうすることで、確信と勇気に変えることができます。

それだけ、この「自信」というものはビジネスをする上で必須であり、潤滑油のようなものです。

なぜなら、いくらいいエンジンやパーツを積んだところで、質のいい潤滑油がなければ、黒板を爪で引っ掻いたような金属音が周囲に鳴り響くことになるからです。

これでは、成功どころの話ではなくなります。

自分の中で自信さえ持ち合わせることができれば、この先どんなビジネスを手掛けたとしても、成功することは間違いありません。

それが成功を勝ち取る最速の方法でもあるからです。

成功を決める「3つの勇気」とは

私がこれまで多くの成功者を見てきてわかったことがあります。

それは、「勇気があるかどうか」です。

結局、ノウハウを学んだところで、最後に踏み出す勇気がなければ、これまでの努力はすべて水の泡となります。

しかし勇気さえあれば、成功することは難しいことではありません。

なぜなら勇気がある人は、まわりを引きつけ、応援してもらうことができるからです。

だからビジネスを成功させるためにも、勇気を持つ必要があるわけですが、勇気には3

つの種類があります。

それは、

① 変化を恐れない勇気
② 自分を信じる勇気
③ 飛び込む勇気

それぞれ解説していきます。

■変化を恐れず、自分を信じ、飛び込め

① 変化を恐れない勇気

あなたが成功できていないというのであれば、「変化を恐れない勇気」を持つことです。

いまの成果は善くも悪くも、過去の思考や行動が導き出した答えでもあります。

その答えがいいものであれば、過去のあなたのおこないは最良なものだったと言えますが、もしいま満足する成果を手にすることができていないとしたら、このまま突き進んだ

ところで未来が劇的に変わることはありません。

成果とは「流れ」です。

そのため、成果を出したければ、結果を出すための行動をし、行動したければ思考自体を変えなければいけないのです。

「そもそもの行動ができない」と言う人がいますが、それは思考自体を変えずに、過去の延長で物事を考えているからです。そうではなく、悪い結果が出れば改善する気楽さを持つことが大切です。そこさえ押さえておけば、あなたの未来は変わり始めます。

② 自分を信じる勇気

どんなにいいノウハウやメソッドを学んだところで、「自分を信じる」ことができなければ、成果につなげることはできません。

なぜなら、やるのは自分であり、あなたの成功は他人には関係のないことだからです。

だから、自信を持つためにも学ぶことは大切ですが、最後は自分を信じることができるかどうかがさらに大切です。

成功をなかなか勝ち得ることができない人は、この「自分」という観点がなく、常に外に答えを探す傾向があります。しかし外に答えなどありません。

ノウハウとは、成功者の日々のおこないを体系化したものにすぎません。

そのため、成功する人は何をやっても成功することができるのです。

それはなぜかというと、成功法則やメソッドというものは、知るものではなく、つくるものだという認識があるからです。

しかし貧乏人はというと、「答えさえ知れば成功できる」と考えてしまい、ノウハウを買いあさることで答えを知りたがります。そんなものは虚像にすぎません。

世の中、お宝であふれかえっています。

まわりを見渡せば、お金が落ちているのです。

そこにさえ気づくことができれば、あなたの成功は時間の問題です。

③ 飛び込む勇気

飛び込む勇気がなければ、すべては妄想の中です。

多くの人は、口では「成功したい」と言いながら、妄想の住民でいることにさえ気づくことができていません。

そこに居続ける限り、成功することはありません。なぜなら恐怖を乗り越え、傷つきながらも一歩を踏み出した人にしか見えない世界があるからです。

だからあなたに勇気を持って、一歩踏み出してもらいたいわけです。

ビジネスはギャンブルと違い、設計することができます。あなたが犠牲となり自ら傷つかなくとも、先人の教えを学ぶことで事前回避することができるのです。

成功することができない人は、お金だけがリスクだと捉えているため、独学を選択しますが、これほど危険で成功を遠ざけるものはありません。

なぜなら、成功も失敗もすべて自分で実証し、獣道を歩くようなものだからです。

これでは成功する前に、資金がショートするか寿命が尽きて死んでしまいます。

一日も早く成功を勝ち得たいというのであれば、先人がつくってくれたアスファルトで舗装された綺麗な道を歩けばいいだけです。

あとは、そこに飛び込む勇気さえあれば、あなたは成功街道を歩き始めることができます。

Epilogue

人生を後悔しないために

以前、アメリカで90歳以上の人を対象に面白い調査がおこなわれました。

「人間は最後、どんな後悔を持ち、死を迎えるのか?」というものです。

その結果、90歳以上の90%の人が、口を揃えて同じ回答をしました。

その回答とは、**「やりたいことをもっとやっておけばよかった」**というものです。

現実的に考えると、90歳になって気づいたところで肉体的、精神的に、無残にもあきらめざるをえないことが多々あります。

これはアメリカ人だけに限ったことではありません。日本人はもっと顕著でした。

私たち日本人には「我慢こそ美徳」という文化があるため、これまでのシニアは「自分よりまずは他人の幸せ」という常識の中、生きてきました。

しかし、いまのシニア層を見ると、その常識が変わりつつあります。

第2、第3の人生を謳歌する動きに変わりつつあるのです。

最近ではシニア向けのシェアハウスや、シニア向けのひとり旅などがサービス化され、どこも反響を生み非常に伸びています。

それ以外にもいまのシニアは非常にアクティブで、先日も面白い話を聞きました。

それは、老人ホームでの出来事です。

ある日突然、2人の老人男性が取っ組み合いの喧嘩を始めました。

胸ぐらを掴み、椅子を投げ、テーブルを倒し、誰も止めることができません。

施設の若者が数人がかりで止めに入り、ようやくおさまったほどです。

喧嘩の理由を聞くと、なんと1人のおばあちゃんを巡り、気づいたら奪い合いの喧嘩に発展していたというのです。

いまのシニアは昔と違い若い。60歳を越えてもピンピンしています。

それだけ人間の寿命は延び、健康な人が増えています。

それに伴い、考え方も少しずつ変わり始めています。

先ほど言ったように、自分より他人の幸せを考える人は減りつつあり、最近では「財産は墓場に持って行っても使えないから、すべて使い切る」と宣言する人もいるほどです。

そうは言っても、子どものことや残された家族のことを考えると、財産をすべて使い切ることなど、そうそうできるものではありません。

むしろ、いまは寿命が延びる傾向にあるため、財産を使い切ったあとにまだ生きているという可能性すらあります。

これでは、年金があるとはいえ、怖くてすべて使い切ることなどできません。

だから大半の人は、定年を迎えてもハッピーシニアライフとはいかず、毎日メザシと味噌汁をすする人生を選択してしまうのです。

ただ考えてみてください。

先ほどのアメリカの調査にもあったように、あとから後悔しても手遅れです。

なぜなら、後悔とは「2つの性質」を持ち、その選択によって、人生の最後に大きな影響を与えるからです。大半の人は、この後悔が持つ「2つの性質」を知らないため、先ほどの調査で報告があったような発言をし、肩を落とす羽目となるのです。

これでは、いままで何のために苦労し生きてきたのかわかりません。

最後ぐらいは気兼ねなく人生を謳歌した状態で死を迎えたいものです。

そのためにも、あなたに必要なのは、後悔が持つ「2つの性質」を知ることです。これを知ることで、今世でやり残したことを後悔し、墓場で涙するということはなくなります。

では、その後悔が持つ「2つの性質」とは何か？

・チャレンジして失敗した後悔は、時間が経てば経つほど小さくなる
・チャレンジしなかった後悔は、時間が経てば経つほど大きくなる

この2つです。

「学生時代に勇気が持てず告白できなかった後悔を、何十年経ったいまでも夢に見る」と言う人がいますが、まさにやらなかった後悔が大きくなった典型です。

これは、恋愛に限ったことではありません。

「あのとき独立していれば、いまごろ路頭に迷うことはなかった」と言う人もいます。

しかし、それをあとから後悔しても、取り戻すことはできません。

なぜなら、人生は選択の繰り返しであり、決断の連続です。ということは、恐怖に震え先延ばししていたら、未来を閉ざす可能性すらあります。

だから怖くても一歩を踏み出し、自らの手で未来を切り開く必要があるのです。

思考を停止し「変わらない」を選択してしまったら、100%言えることは最期、死を迎えるときに必ず後悔するということです。死ぬ寸前、走馬灯のように叶わぬ夢を妄想の中で実現し、悔し涙と共に墓に入ることとなります。

そして死んだあとは、家族からは尊敬などされず、「毎日お酒ばかり飲んで、大したことは何もやってこなかったけど、叶わぬ妄想を語り、近所からはホラ吹きジジイと呼ばれていたんだよ」と、孫に語り継がれることになるのです。

一方、成功を実現させる人は違います。

何の前触れもなく会社を辞めても、何とかなるや精神で実現していきます。

だから、あなたも「将来は成功するために独立する」と言っている暇があるのであれば、何をやるかなど考えずに、まずは飛び出す勇気も大切です。

ただし、**知識、経験、スキル、実績、信頼を持たずに独立しても、尻尾を巻きサラリー**

マンに戻るだけですので、本書でお伝えした武器は忘れずに持って、飛び出すようにしてください。

それさえあれば、あとは「勇気」だけです。

この期に及んで「自信がありません」と言う人がいますが、自信などやっていくうちにつきますし、むしろ小さな成功体験の数が、強固な自信を生み出します。

まずはいきなり大きなことを考えるのではなく、小さくても構わないので、一歩踏み出す勇気を持つことです。

その一歩を踏み出す勇気が、あなたの未来を切り拓き、「あのときどうして悩んでいたのか？」と不思議に思うようになります。

私も起業する際は、何度も悩み恐怖に震えていましたが、いまではすっかり、何を悩んでいたのか忘れてしまいました。

後悔と同じで、人間やったものは忘れていきます。

そのため「いま恐怖に震えています。助けてください」という人であっても大丈夫です。

怖くても、やれば忘れてしまいます。

しかし、やらなければ後悔は怨念となり、地縛霊のようにあなたに一生つきまとう存在となります。

自分の中でのXデーを決めて、自分を信じて勇気を持ち飛び出してください。

それが成功を切り拓くあなたがすべき、第一歩です。

とはいえ、その一歩をどのように踏み出していいのかわからないという人のために、最後に私からのプレゼントがあります。これを最初の一歩に変えてください。

それは、今回この書籍の原稿の元となった「秘蔵音声」です。

この秘蔵音声は、二部構成でつくられています。

前半は、起業に必要な実践的内容をステップバイステップで解説。

後半は、起業やビジネスに悩む人が抱える疑問や質問をダイレクトに回答。

しかもこの音声は、約15分前後の音声が80個以上あり「これだけ聞けば成功間違いなし」と太鼓判を押せる内容で公開しています。

それを今回は、あなたを陰ながら応援する意味も含め、プレゼントします。

受け取る方法は簡単です。

■起業を成功させ最短で「億を稼ぐ」起業家になるための音声講座（完全無料）

①　次のアドレスにアクセスする→https://remslila.co.jp/dousatu/
②　いつもお使いのメールアドレスを入力する
③　30秒以内に音声コンテンツが無料で届く

このプレゼントを受け取っていただいた方には、その後もメルマガ等で成功を手にするためのサポートをしていきます。

あなたを独りぼっちにすることはありません。

私がここまでする理由は、起業はどれだけの人に応援されるかで成否を分けるかを知っているからです。ですので、あなたの少し前を歩く起業家の1人として、お手伝いできれば幸いです。

さて、あなたは本書を通して、成功のために必要な本質を見抜く力、つまり「洞察力」を手にすることができました。

ここまでくれば、あとは必要なことはあなたからのアクションです。

意思表明をきちんとできない人は、起業しても失敗します。

だから、成功するためにも、「自分はここにいる」と意思表示し、まずはプレゼントを受け取り、成功のための武器としてください。

きっと、あなたの未来を切り拓いてくれることでしょう。

最後に――うつ病の私と結婚した妻へ

私は、この書籍で5冊目の出版となります。

前作『超・起業思考』（きずな出版）においては、全国20書店以上で書籍ランキング1位を取り、多くの人にメッセージを届けることができました。

また現在は、コンサルタント業務以外にも、メディアで2つの冠番組を持ち、テレビ神奈川で毎週日曜日放送される「船ヶ山哲の超・起業思考」と、FMヨコハマで毎週日曜日放送される「Change Your Life」でメインパーソナリティーを務めています。

このように言うと、「うらやましい」と言われるわけですが、私もほんの数年前までは、毎朝ぎゅうぎゅう詰めの満員電車に揺られ、土日休みのサラリーマンでした。

しかし起業を機に、クライアントの数は1000社を超え、北は北海道から南は沖縄、海外は、フランス、ギリシャ、コロンビアにクライアントを抱えています。

当然、私の生活は一変し、１人で億を稼ぐ起業家になることもできました。

また私生活においては、子どもの教育を最優先に考えてマレーシアに在住し、毎月海外と日本を往復する、そんな生活を送っています。

ただ、私が最初から順風満帆だったのかというとそんなことはなく、しばらくの間、寝たきり生活を過ごしていました。


いまから約10年前のことです。

当時の私は、過度なストレスが原因でうつ病を患い、会社にも行くことができませんでした。会社に休職届を出し、毎日寝るだけの生活です。

生きる希望を失い、毎日死ぬことだけを考えていました。

そんな中、一匹の猫が私に生きる希望を与えてくれました。

それが我が家の愛猫「テコ」です。このテコとの出会いは、前作『超・起業思考』の中で詳しく書きましたので、気になる方はそちらを読んでください。

そこから私は、少し元気を取り戻すことができました。

テコのために自殺を考えることはなくなり、会社にも復帰することができたのです。

しかし、復帰したとはいえ、うつ病が完治したわけではありません。

重たい体を引きずり、何とか会社に出勤する生活です。

それを見かねた会社の先輩が、ある女性を紹介してくれることになりました。

当時は、まだうつ病が完治していたわけではないので記憶が飛び飛びではあるのですが、
彼女がご飯をつくり、腫れ上がったリンパをマッサージし、ほぐしてくれたことを覚えています。その都度、私は悲鳴をあげ、「痛い、痛い」と泣いていました。

それでも彼女は、パンパンに腫れ上がったリンパを、ほぐし続けてくれました。


それから2ヵ月後、私たちは結婚することになりました。

いま考えると、よく結婚してくれたなと思います。

なぜなら当時の私は、うつ病に苦しんでいたため、成功の兆《きざ》しなど1ミリもありません。

それどころかリンパを押されては泣いていた弱虫です。

そんな弱虫のお尻を叩き、ご飯を食べさせ、復帰させることだけに専念してくれたのです。

しかも当時、通っていた専門学校を辞めて、主婦になることを約束してくれました。当時の彼女は、自分のやりたいことをあきらめ、私の人生を支えることを選んでくれたのです。


それからときが経ちました。

私たちは、2人の子どもを授かり、今年10年目の結婚記念日を迎えます。

正直この10年は、彼女にとってつらいことも多かったと思います。

私は、仕事以外では無口な性格で、素直に自分の思いを伝えることができません。だから余計につらく悲しかったと思います。

2人の子どもを連れ、異国の地であるマレーシアに行ったときもそうです。任せっきりで、十分に助けることもできませんでした。当時は下の子が1歳半だったので、子育ても大変でした。

それでも投げ出すことなく、子どもたちと私を陰で支えてくれたのです。

だから私は、仕事に専念することができました。

ただ私は臆病者なので、素直に言葉に出すことができません。

「ありがとう」

そのひと言が、なかなか言えないのです。

だからこの場を借りて、妻にお礼を言いたいと思います。


この10年喧嘩ばかりでつらいことも多かったけど、こうして家族4人＋テコが幸せに暮らせているのは、子どもたちが私のことを好きでいてくれるからです。

2人とも、いい子に育ててくれてありがとう。

そして、この先も家族仲よく一緒に過ごせれば嬉しいです。


さあ、これでこの本は終わりです。

いかがだったでしょうか？

あなたは、家族に感謝の言葉を伝えることはできていますか？

もし、私のように伝えることができていないというのであれば、どんな形でもいいので、伝えてください。
なぜなら、後悔は取り戻すことはできないからです。
だから怖くても、恥ずかしくても、勇気を持って伝えることです。
そこに思いさえあれば、きっとあなたの純粋な気持ちは伝わります。

大丈夫です。
勇気の一歩を踏み出してください。

その一歩が、あなたに力を与え、未来を変えるきっかけとなります。

船ヶ山哲

著者プロフィール

船ヶ山哲（ふながやま・てつ）

心理を活用したマーケティングを得意とし、人脈なし、コネなし、実績なしの状態から、起業後わずか5年で1000社以上のクライアントを獲得。そのクライアントは、上場企業から町の小さな商店まで幅広く、北は北海道から南は沖縄まで、さらに遠くはギリシャやコロンビアまでサポートをおこなう。

プライベートでは、子どもの教育を最優先に考え、マレーシアのジョホールバルに在住。

その卓越したマーケティング手法は、数々の雑誌やメディアに取り上げられ、テレビ番組のメインキャストを務めるほか、ラジオ番組でのパーソナリティーとしても活躍中の起業家。

著書に、『稼ぎたければ、捨てなさい。』『超・起業思考』（きずな出版）、『売り込まずにお客が殺到するネット集客法』（セルバ出版）、『大富豪から学んだ世界最強の儲かる教え』（アイバス出版）などがある。

洞察のススメ
―「5つの真実」を知ることで、すべての仕事はうまくいく

2018年1月14日　第1刷発行
2018年2月5日　第2刷発行

著　者　　船ヶ山哲

発行者　　櫻井秀勲
発行所　　きずな出版
東京都新宿区白銀町1-13　〒162-0816
電話03-3260-0391　振替00160-2-633551
http://www.kizuna-pub.jp/

ブックデザイン　池上幸一
印刷・製本　　モリモト印刷

ISBN978-4-86663-021-2

きずな出版

書籍の感想、著者へのメッセージは以下のアドレスにお寄せください

E-mail：39@kizuna-pub.jp

きずな出版

http://www.kizuna-pub.jp